Einführung

Wenn Sie zu den Menschen gehören, die an die Existenz der Seele glauben, dann halten Sie das richtige Buch in Händen. Denn es ist nicht nur ein astrologischer Wegweiser *zur* Seele, sondern auch ein Leitfaden *für* sie. *Kosmisches Karma* wurde geschrieben, um den unsterblichen Teil in Ihnen (der bereits viele Male gelebt hat und noch viele Male leben wird) zu unterstützen, damit er seine Aufgabe besser meistert. Das kann geschehen, wenn Sie den beiden wichtigsten Prinzipien zustimmen, auf denen dieses Buch basiert: auf der spirituellen Überzeugung, dass jedes menschliche Wesen für alle Zeiten mit einer Seele verbunden ist, und der eher wissenschaftlichen Vorstellung, dass jede Seele für alle Zeiten mit dem Universum verknüpft ist. Denn diese beiden Prinzipien ergeben zusammengenommen das Gesamtbild, dem auch ich meine astrologischen Einsichten verdanke: nämlich dass wirklich ein universelles Sammelbecken der Macht, des Wissens und der Fülle existiert und dass das höhere Bewusstsein unserer Seele sich nach Belieben daraus bedienen darf.

Ich bezeichne es als »den Kosmos«, aber Sie kennen es vielleicht unter dem Namen »universeller Geist«, »kollektives Bewusstsein« oder einfach »die Schöpfung«. Wie immer wir diese allwissende, allgegenwärtige Energie benennen, die meisten Menschen, die ihre Existenz anerkennen, betrachten sie als den höchsten Bewusstseinszustand, der alle und alles miteinander verbindet. Jener Zustand steht jedem Menschen offen, doch nur dann, wenn wir die Herrschaft über unser Ich gewinnen, es integrieren und unser Leben im Sinne des Ganzen führen. Das mag auf den ersten Blick schwer zu verstehen sein, und es scheint vielleicht noch schwieriger, dieses Vorhaben in die Tat umzusetzen, sieht es doch so aus, als ob unser universelles Anrecht auf Erfolg durch den »Vertrag« unserer Seele mit dem mächtigen und grenzenlosen Universum mit einem »Haftungsausschluss« daherkäme ... Doch unser Geburtsrecht kann sich nur dann zu unseren Gunsten auswirken, wenn wir uns nach den Gesetzen und Prinzipien richten, denen es unterliegt. Und wir sind für diesen Weg auch bestens vorbereitet. Handelt es sich doch um dieselben universellen Prinzipien, die der Seele bei ihrer Erschaffung »eingepflanzt« wurden und die sich zum Zeitpunkt unserer Geburt am Himmel manifestiert haben. Mit anderen Worten, es geht um die universellen Gesetze göttlicher Ordnung oder, wie man sie auch nennt, die Prinzipien von Einheit, Übereinstimmung, Schwingung, Polarität, Rhythmus, Ausgleich und Geschlecht. Damit sind wir zum Grund für das Schreiben dieses Buches gekommen. Es ist gedacht als ein Weckruf, der sich an unsere schlafenden Seelen richtet. Denn unsere Seele war schon da, als die meisten universellen Gesetze »in Kraft traten«. Wenn wir also unsere Seele nicht ihr spirituelles Wissen zu unserem jetzigen Leben beisteuern lassen, dann werden wir nicht die Möglichkeiten nutzen können, die das Universum uns bietet. Schließlich müssen auch wir – und das ist ebenfalls ein universelles Gesetz – in der Ordnung leben, die uns erschaffen hat. Sonst bleibt uns nur das Chaos, das wir erzeugen, indem wir das universelle Gesetz ignorieren. Es ist unser Chaos und daher ebenso unser Karma.

Sie sind sich vielleicht nicht sicher, ob Sie sich mit dem Konzept des Karmas anfreunden können? Nun, die Chancen stehen gut, dass Sie dies bereits getan haben und wie die meisten Menschen auf irgendeiner Ebene die Vorstellung der Wiedergeburt akzeptieren. Sie meinen, nein? Na gut, wir wollen genauer hinsehen. Zunächst einmal ist es nicht möglich, die Idee vom Karma und der Wiedergeburt zu akzeptieren, wenn Sie nicht an die Existenz der Seele glauben, und da Sie das Buch noch nicht ins Regal zurückgestellt haben, kann man wohl davon ausgehen, dass Sie in Ihrem Kern die Existenz einer Seele vermuten. Dann also zum nächsten Schritt. Wenn Sie an irgendeine Form von Himmel, ein Leben nach dem Tod oder an ein wie auch immer geartetes Paradies glauben, in dem ein Teil von Ihnen nach Ihrem Tod weiterlebt (mit Ausnahme des physischen Körpers, in den Sie hineingeboren wurden), dann glauben Sie bereits an die Reinkarnation. Denn jede Existenz, die Sie sich selbst oder Ihrer Seele nach der gegenwärtigen Daseinsform zutrauen, sei sie nun physisch, spirituell oder in einer anderen Form, bedeutet für die Seele eine Wiederkehr. Und das genau ist die Bedeutung des Begriffs »Reinkarnation«, wie er in allen Lexika steht, in denen ich nachgeschaut habe.

Und wenn wir schon mal dabei sind und unter dem Begriff »Karma« suchen, werden wir feststellen, dass es sich um ein Wort aus dem Sanskrit handelt, das unter anderem »unabwendbares« oder »selbst herbeigeführtes Schicksal« bedeutet (siehe auch das »Kosmische Glossar« am Ende des Buches). Dieser Begriff aus der spirituellen Tradition des Hinduismus und Buddhismus hat sich auch in unserem Sprachgebrauch etabliert. Die Anhänger jener Religionen glauben nicht nur an ein Weiterleben der Seele nach dem Tod, sondern auch daran, dass die Summe der Handlungen, die ein Mensch im Verlauf seiner gegenwärtigen Inkarnation vollzieht, Einfluss auf das Schicksal der Seele in allen kommenden Wiedergeburten nimmt. »Karma« ist der Begriff für die Schicksalsschläge, die eine Seele im Laufe einer neuerlichen Inkarnation als Folge all der Handlungen erdulden muss, die sie während des gegenwärtigen Lebens getan oder unterlassen hat.

Irgendwie kommt uns diese Vorstellung vertraut vor. Das liegt vor allem daran, dass die Verantwortlichkeit der Seele in nahezu jeder Religion thematisiert wird. Heutzutage benutzen wir den Begriff »Karma« als Metapher für unsere Bestrafung durch das Universum, unsere spirituelle Belohnung oder auch nur für das Pech, das wir haben. Ursprünglich aber bezeichnete er die spirituellen Konsequenzen unseres Handelns. Selbstverständlich erscheinen uns diese Konsequenzen wie Rache, unverdientes Glück, oder sie fühlen sich an wie der »Zorn Gottes«. Für gewöhnlich stellen sie sich uns gerade dann in den Weg, wenn wir meinen, sie am wenigsten zu verdienen oder gebrauchen zu können. In Wahrheit aber waren wir nur nicht auf sie gefasst.

Sicher sind Ihnen Sprichwörter wie die folgenden geläufig: »Was man sät, das wird man ernten« oder »Was du nicht willst, dass man dir tu, das füg auch keinem anderen zu«. Wer den Sinn dieser »Lebensweisheiten« akzeptiert, dürfte mit den Gesetzen des Karmas kein Problem haben. Denn im Alltag ist Karma nichts anderes als das universelle Gesetz des Ausgleichs oder die spirituelle Version des Gesetzes von Ursache und Wirkung. Auch die meisten wissenschaftlich orientierten Skeptiker müssen wohl zustimmen, dass es sich kaum von seiner physikalischen Variante unterscheidet. Bestimmt kennen Sie Newtons drittes Bewegungsgesetz: »Für jede Aktion gibt es eine gleich große, entgegengesetzte Reaktion *(actio = reactio)*.« Ist dies alles Zufall? Sicher nicht. Das Gesetz des Universums beruht auch auf physikalischen Prinzipien.

Sie sollen vor allem Freude an der Lektüre dieses Buches haben und einen persönlichen Gewinn daraus ziehen. Doch empfehle ich Ihnen, zunächst das jeweilige Kapitel vollständig zu lesen, bevor Sie sich mit Ihren Positionen der Planeten in den einzelnen Tierkreiszeichen oder Häusern befassen. Jedes Kapitel ist der Versuch, Ihnen eine andere astrologische Perspektive im Hinblick auf einen Bereich Ihres Geburtshoroskops anzubieten, Ihrer Seele sprichwörtlich »ein wenig kaltes Wasser ins Gesicht zu spritzen«. Nutzen Sie also die Gelegenheit. Ihr Horoskop wird Ihnen auf einer tieferen Ebene viel mehr bedeuten, wenn es gelingt, dass Sie zunächst einmal alles außer Acht lassen, was Sie vielleicht bisher über Astrologie gedacht haben, und dass Sie Ihre Seele dazu bringen, sich an all das zu erinnern, was sie aus Bequemlichkeit oder sonstigen Gründen lieber vergessen hat. Außerdem kann ich Ihnen versprechen, dass Sie dabei nicht wirklich »nass« werden – sehr wahrscheinlich aber neue Einsichten gewinnen.

Bevor Sie weiterlesen: Sie benötigen einen Ausdruck Ihres Geburtshoroskops. Sie haben es noch nie erstellen lassen? Kein Problem. Im Internet gibt es genügend Anbieter, die Ihnen diesen Gefallen kostenlos tun. Um sie zu finden, geben Sie in einer Suchmaschine zum Beispiel einfach den Begriff »Geburtshoroskop« ein. Sie benötigen lediglich Ihr Geburtsdatum, Ihre Geburtszeit und Ihren Geburtsort beziehungsweise seine Koordinaten. Falls Sie den genauen Zeitpunkt, an dem Sie das Licht der Welt erblickt haben, nicht kennen, können Sie ihn beim Standesamt des Ortes erfragen, in dem Sie geboren worden sind.

1

Das Horoskop:
Ihr Vertrag mit dem Universum

Sie wollen herausfinden, wer Sie sind und warum Sie leben? Dann wird es sehr sinnvoll sein, dass Sie sich mit Ihrem Geburts- oder Radixhoroskop beschäftigen (vom lateinischen Wort *radix* für »Wurzel«). Damit ist nicht die landläufig praktizierte oberflächliche Vorgehensweise gemeint, die zu Äußerungen führt wie: »Oh, ich habe meinen Jupiter im neunten Haus und sollte eigentlich Talkshow-Moderator sein ...« Die Beschäftigung mit Ihrem Horoskop sollte eher eine spirituelle Qualität haben, was auf einem höheren Bewusstseinsniveau geschieht. Jeder Mensch trägt eine unverwechselbare und vitale Lebenskraft in sich, die die Essenz unseres Seins verkörpert und unsere Einzigartigkeit nach außen sichtbar macht. Wir bezeichnen sie als unseren »Willen« oder unsere »Seele«, weil sie so lange, wie wir uns erinnern, der Kern unserer Individualität ist. Viele sind sogar wie ich der Meinung, dass die Seele noch älter und der unsterbliche Teil unser selbst ist – der »Geist« in uns, der beständig darum kämpft, dass wir in dieser Welt erfolgreich sind und so auf dem Weg in der spirituellen Welt vorankommen. Nach all meinen Recherchen bin ich sicher, dass es Ihnen damit kaum anders ergehen kann. Warum sollten wir dann also das Geburtshoroskop nicht von einem Blickwinkel aus betrachten, der uns die Umstände verdeutlicht, die uns erschaffen haben? Wenn es uns mit der Selbsterkenntnis wirklich ernst ist, dann kann uns eine solche Perspektive viel mehr über das menschliche Potenzial unseres gegenwärtigen Lebens sagen, ist sie doch so erhöht, dass sie uns den Blick sogar auf die früheren Leben unserer Seele freigibt. Die Beschäftigung mit dem Gestern offenbart uns nicht nur, wo unsere spirituelle Reise in einer vergangenen Inkarnation begann, sondern zeigt uns auch die Wegstrecke, die wir noch zurücklegen müssen, um im gegenwärtigen Leben unser Glück zu finden. Hier sind viele Erkenntnisse möglich.

Zu unserem großen Glück haben sich alle Informationen, die wir benötigen, am Himmel ausgebreitet, der sich zur Stunde unserer Geburt über uns wölbte. Wir müssen nur lernen, die Analogien richtig zu deuten. Deshalb sollten wir im Geburtshoroskop mehr sehen als ein mit dem Computer erstelltes Diagramm der astronomischen Ereignisse zum Zeitpunkt unserer Ankunft auf der Erde. Aus der höheren spirituellen Perspektive trifft das Geburtshoroskop eine weit bedeutendere Aussage: Es ist die himmlische Dokumentation der Verpflichtung, die unsere Seele gegenüber dem Universum eingegangen ist. Und sie zeigt uns, warum wir in diese Welt gekommen sind und welche Aufgabe wir hier zu erfüllen haben.

Daher ist es kein Wunder, dass das Geburtshoroskop bei Astrologen einen so hohen Stellenwert hat. Dieses »Diagramm« ist mehr als ein Abbild der Himmelskörper zu einem bestimmten Zeitpunkt und von einem bestimmten Ort aus betrachtet, ja, es stellt sogar *zwei* Abbildungen dar. Aus der *physikalischen* Perspektive ist es eine mathematische Grafik der kosmischen Einflüsse, die in Aktion waren, als eine bestimmte Person ihren ersten Atemzug tat. Aus der *spirituellen* Perspektive ist das Geburtshoroskop die persönliche Bestandsaufnahme einer Seele zu einem Zeitpunkt, da sie sich ein weiteres Mal zum Dienst für ein neues Leben meldet. Die Astronomen früherer Zeiten haben Astrologie und Astronomie als exakte Wissenschaft betrachtet. Sie machten sich beide Perspektiven zu eigen und fassten den planetaren Zustand zur Zeit der Geburt unter dem Begriff »Horoskop« zusammen (der universelle Blick auf die Geburtsstunde). Offenbar wussten sie auch damals schon, dass unsere Umwelt großen Einfluss auf unsere Persönlichkeit nimmt, und machten deshalb dieses kryptische Diagramm zum zentralen Werkzeug ihrer Arbeit.

Nach Auffassung der Astrologen treten wir nicht zufällig ins Leben, sondern gemäß einem Plan. Die Sterndeuter auch früherer Zeiten waren davon überzeugt, dass das Geburtshoroskop die bestimmten Energien genau dokumentiert, die die Seele zuvor für ihre neue Inkarnation ausgewählt hat. Zwar haben sie das Horoskop nicht explizit als astrologischen Bauplan der »kosmischen Chromosomen« eines bestimmten Individuums bezeichnet, doch genau so haben sie es zum Einsatz gebracht. Ja, diese frühen Wissenschaftler erkannten im Geburtshoroskop die himmlische Darstellung wahrer menschlicher Potenziale, denn für sie war es mehr als eine »Landkarte« mit den Einflüssen, die zum Zeitpunkt der Geburt wirksam waren. Ihrer Meinung nach war das Horoskop eine Darstellung des Klimas, das zu unserer erneuten Inkarnation führte, ein universelles Dokument unserer ersten Umgebung. Damit ist nicht jenes familiäre Umfeld gemeint, das in unserem jetzigen Leben Auslöser für so entscheidende Erfahrungen wie Trennungsängste, Geschwisterrivalität oder Mutterliebe sein kann, sondern jenes, das lange davor existiert hat, das allererste. Versuchen Sie einmal, sich die Situation vorzustellen: Eine ewige Uhr tickt sich durch die Zeit, bis sie zu einem astronomischen Moment, der für Ihre persönliche Entwicklung entscheidend ist, schließlich schlägt. Entscheidend ist dieser Augenblick deshalb, weil er den Prozess Ihrer Geburt auslöst. Denn in dem Moment, in dem der Kosmos das himmlische Energiespektrum bildet, das Ihre Seele zuvor für Ihre neue Inkarnation ausgewählt hat, wurde die für Sie bestimmte kosmische Formel aktiviert. So ist es kein »Wunder«, dass Sie in der Sekunde dieses bestimmten Lidschlags von Zeit und Raum geboren wurden. Selbstverständlich war es der für Sie genau richtige Zeitpunkt – in universeller Hinsicht und natürlich auch aus karmischer Perspektive.

Zunächst einmal bedeutet dies, dass unsere Ankunft auf der Erde eine als physisches Ereignis getarnte spirituelle Verabredung ist. Außerdem ist der genaue Augenblick unserer Geburt kein Zufall, sondern die Einhaltung eines von unserer Seele festgesetzten Termins. Und weil dieser Termin sich zum Zeitpunkt unseres Eintritts in die Welt am Himmel widerspiegelt, bezeichnen Astrologen diese Planetenkonstellationen als »Horoskop«, einen universellen Blick auf unsere Geburtsstunde. Wenn diese Konstellationen sich als Diagramm auf einem Blatt Papier wiederfinden, haben wir eine mathematisch berechnete Karte der Energien, die unser Leben bestimmen. Nutzen wir unser Horoskop, um den Fortschritt unserer Seele hier auf Erden und unsere spirituelle Entwicklung zu überprüfen und daran auszurichten, dann gewinnt es noch mehr an Bedeutung. Diese vertragliche Vereinbarung mit dem Universum ist noch zusätzlich ausgestattet mit einem genauen Zeitplan, mit Anreizen und, wenn man genauer hinsieht, sogar mit ein wenig karmischem Kleingedruckten, was die meisten Astrologen einfach als »Neptuneinfluss« bezeichnen würden.

Eines muss ich jedoch deutlich sagen: In der karmischen

Astrologie dreht sich keineswegs alles um Prädestination. Zwar sind die Herausforderungen an die Seele im Laufe unseres Lebens oft karmischer Natur und somit bis zu einem gewissen Grad vorgegeben, dabei geht es aber nicht zwangsläufig um ein unabwendbares Schicksal. Denn das würde ja bedeuten, die Karten wären verteilt, das Universum besäße die Kontrolle, und es gäbe keinen Zweifel mehr darüber, wie die Geschichte ausgeht. Vielmehr ist die persönliche Wahlfreiheit durchaus Bestandteil des Vertrags, und damit sind sowohl das Universum als auch der Ausgang unangekündigten Veränderungen unterworfen. Im Horoskop manifestieren sich lediglich bestimmte Stellungen der Gestirne, die uns bei unserer Geburt zur Verfügung gestellt wurden, um die Grenzen unseres selbstgewählten Entwicklungsplans abzustecken. Diese mächtigen Energien dienen als unser astrologischer Kompass, der uns zu bestimmten Erfahrungen, Situationen und Beziehungen geleitet. Er schafft für uns die besten Umstände, die wir anerkennen und entwickeln können.

Der Vertrag ist absichtlich so beschaffen, dass er uns Gelegenheiten für persönliches Wachstum und spirituelles Vorankommen schafft. Dies bedeutet, dass zwar Glück und Erfolg durchaus auf der Gästeliste stehen, dass es aber keine Einsicht und kein Wachstum geben würde, wenn nicht gelegentlich Konflikte, Enttäuschungen und Rückschläge als ungebetene Eindringlinge erschienen. Eine tröstliche Vorstellung, nicht wahr, dass das Universum die Sache in die Hand nimmt. So sollte man es jedenfalls sehen, denn während die Seele zwar ein großes Interesse an ihrem spirituellen Fortkommen hat, so lehnt doch das Ego diese oft unangenehmen, dem Wachstum dienlichen Herausforderungen ab und strebt nach einem komfortablen, aber eher stagnierenden Leben.

Ironischerweise scheinen wir immer dann, wenn wir einen

überschaubaren Wachstumsschritt für ein vermeintlich großes Stück Glück aufgeben, mit noch stärkerem Nachdruck Kummer oder Verlusterfahrungen in die Arme geworfen zu werden. Göttliche Bestrafung? Nun, es handelt sich in der Regel lediglich um Hinweise des Universums, die uns daran erinnern sollen, dass wir alte, kontraproduktive Gewohnheiten nicht in den Griff bekommen können, ohne etwas gegen sie zu unternehmen. Leider sind unsere Angewohnheiten manchmal tatsächlich sehr eingefahren, und wir ignorieren sie daher umso mehr. Der Kosmos jedoch ist unerschütterlich und beschert jedem Einzelnen einen Hinweis nach dem anderen, der uns die Gelegenheit geben soll, unsere Gewohnheiten zu überdenken. Er tut dies so lange, bis er sich schließlich genötigt zu fühlen scheint, uns gehörig Angst einzujagen und uns emotional in die Knie zu zwingen. Wir fühlen uns wie vom Blitz getroffen und sind völlig überrascht, weil wir uns nun ganz und gar darauf konzentrieren, diese außergewöhnlichen Hindernisse und Schwierigkeiten zu bekämpfen, die sich uns geradezu mit Bedacht immer dann in den Weg stellen, wenn wir mit uns selbst beschäftigt sind. Das bedeutet in der Regel, dass wir für unser spirituelles Vorankommen lange brauchen – manchmal viele Leben lang. Kein Zweifel, der Kosmos hat die Macht, uns vom falschen Weg zu schubsen, doch der uns vertraglich eingeräumte freie Wille gestattet es ihm eben nicht, auch unser Ego aus dem Ring zu boxen. Deshalb kann es beispielsweise sein, dass wir stets die Verantwortung für alles, was auch nur im Entferntesten wie Scheitern aussehen könnte, anderen in die Schuhe schieben, und ziehen es unter Berufung auf unser Geburtsrecht vor, uns zumindest im Selbstmitleid zu ergehen.

Deshalb ist es sinnvoll, sich daran zu erinnern, dass uns das Universum mit seiner unendlichen Macht nicht nur unbe-

grenzt viele Gelegenheiten zum Wachstum bieten kann, sondern uns auch erstaunlich wirkungsvoll zu überraschen ver-
mag. Das ist es, was die klügere Seele von der weniger klugen
unterscheidet, den vom Unglück verfolgten Geist, der glück-
los über den Planeten wandert, von jenem glücklichen, der
fröhlich auf ihm gedeiht. Diese planmäßigen Wachstums-
gelegenheiten sind nichts anderes als unsere karmischen
Weggabelungen. Wie wir mit ihnen umgehen, entscheidet
über unser irdisches Schicksal ebenso wie über unser spirituelles, denn sie zwingen uns, bewusste Entscheidungen zu
treffen, die sich wiederum auf unsere unbewusste unsterbliche Seele auswirken. Das sind die Augenblicke in unserem
Leben, in denen wir entweder Verantwortung für Widrigkeiten
übernehmen oder uns zurücklehnen und sie verfluchen – statt
die Bedingungen unseres kosmischen Vertrags zu erfüllen und
die nächste Ebene zu erklimmen. Wir erhalten jeden Tag die
Gelegenheit, zu entscheiden, ob wir etwas für unser ewiges
Leben tun möchten oder es beispielsweise vorziehen, ausschließlich die materiellen Gegebenheiten zu verbessern. Wir
haben durchaus die Wahl – und treffen leider meistens die
falsche.

Daher macht es durchaus Sinn, herauszufinden, wo auf unse-
rem Lebensweg wir am wahrscheinlichsten auf karmische
Weggabelungen stoßen. Sie sind schon auf der Suche, wenn
Sie den ersten Schritt machen und Ihre persönliche Kopie des
Vertrags, den Ihre Seele mit dem Universum geschlossen hat,
zur Hand nehmen: Ihr Geburtshoroskop.

Weil Sie in Ihrem eigenen Horoskop immer der Star sind (egal,
welche Art von Astrologie Sie vorziehen), ist die Sonne Ihr
persönliches Kennzeichen und repräsentiert Sie auf die eine
oder andere Weise in jeder »Stundenschau«, die Sie von sich
erstellen lassen. Folglich ist in der karmischen Astrologie, die

eigentlich nur die Astrologie für die Seele ist, die Sonne mit ihrer Position Ihr spiritueller Marker und stellt Sie dar zu einem Zeitpunkt, bevor Sie in Ihr gegenwärtiges Leben eingetreten sind. Alle Varianten der Astrologie, auch die spirituelle, betrachten die Planeten innerhalb der Erdbahn wie Merkur, Venus, Mars und Jupiter als die persönlichen Gestirne, die unseren selbstgewählten »Spielplan« für unsere aktuelle Inkarnation kennzeichnen. In der karmischen Astrologie betrachtet man die äußeren Gestirne – insbesondere Saturn, Neptun und Pluto – als die Planeten der Seele. Sie stehen für das, was wir in einem früheren Leben getan oder nicht getan haben: die Angelegenheiten, die unsere Seele wiedergutzumachen oder diesmal »zu schaffen« versprochen hat.

Deshalb konzentrieren wir uns in diesem Buch auf die äußeren Planeten, denn sie repräsentieren die Energien, die in unserem gegenwärtigen Leben die karmischen Weggabelungen symbolisieren. Lange bevor Sie zur Welt kamen, hat Ihre Seele dem Kosmos ein Versprechen im Hinblick auf Ihre Entwicklung gegeben, und Sie müssen es einlösen. Wer das Geburtshoroskop aus dieser erhöhten Perspektive heraus untersucht, hat es leichter, die gestern gemachten Zusagen heute einzuhalten. Schließlich stellt jene Position den einzigen Sitz im Haus des Universums dar, von dem aus man seine Aufgabenstellung für das gegenwärtige Leben *sehen* kann – und so erhält die Seele die Gelegenheit, sich bewusst daran zu erinnern.

Dabei handelt es sich nicht nur um eine therapeutische Erfahrung für Ihre Seele. Vielmehr hat sie auch für Sie erleuchtende Einsichten im Gepäck, denn auf diesem Wege dürfen Sie feststellen, dass die Sonnenposition zum Zeitpunkt Ihrer Geburt, Ihre »Geburtssonne«, nicht nur den Menschen repräsentiert, der Sie heute sein könnten, sondern vor allem das großartige Kraftwerk sichtbar macht, das zu sein Sie bereits gestern unter Beweis gestellt haben. Ihr »Geburtssaturn« ist nicht nur eine alte karmische Lektion, die Sie erst noch lernen müssen, sondern vor allem eine überwältigende Leiter zum Erfolg, die Sie lediglich hinaufsteigen müssen. Ihr »Geburtsneptun« präsentiert Ihnen nicht nur die emotionalen Rechnungen, die Ihre Seele beim Kosmos noch offen hat, sondern vor allem auch die besten irdischen Methoden der Entschuldung. Ihr »Geburtspluto« ist nicht nur die überwältigende Macht, die Sie in der Vergangenheit kontrollierte, sondern auch Ihr Versprechen, in diesem Leben mit seiner Hilfe sogar noch mächtiger zu werden (hoffentlich ohne den Einsatz von Gewalt und ohne anderen Schaden zuzufügen).

Außerdem untersuchen wir aus dieser erhöhten astrologischen Perspektive aus auch unserer Seele geheimen Tummelplatz oder, wie man ebenso sagen könnte, ihre »Lieblingsmüllschublade«: das zwölfte Haus. Dort vergräbt unsere Seele gern unerträgliches Vergangenes und alles, von dem sie will, dass Sie es am besten vergessen, damit Sie für alle Zeiten in der Verdrängung wabern können und sich niemals mit dem Schmerz befassen müssen. Auch wenn dieses Haus in Ihrem Horoskop keine Gestirne enthält, ist es dennoch von bedeutendem Einfluss. Achten Sie also auf die Himmelskörper, die an seinen Rändern stehen, machen Sie sich auf den Weg und setzen Sie sich auch mit solchen Themen auseinander.

Es ist der Mühe wert, wie dies für die meisten Therapien zutrifft. Wir müssen unser Horoskop, diese universelle Landkarte des persönlichen Entwicklungsplans unserer Seele, lediglich aus jener etwas erhöhten Position und ausgestattet mit ein wenig Toleranz begutachten; und schon eröffnet sich uns ein tiefes Verständnis für den wichtigsten Menschen in unserem Leben: für uns selbst. Die Einsichten, die wir dann gewinnen, sind nichts anderes als die Erkenntnis, dass unser Schicksal von uns verlangt, sich den Erfahrungen auch zu stellen, für die wir uns angemeldet haben. Schwer zu glauben? Keine Frage. Wer nur halbwegs bei Verstand ist, würde sich wohl kaum freiwillig bereit erklären zu einer manipulativen Partnerschaft mit entsprechenden destruktiven Machtkämpfen, wie sie nur Pluto im siebten Haus hervorbringen kann. Oder, noch schlimmer, sich den körperlichen Problemen oder einer schwierigen Kindheit stellen, wie sie ein Saturn im ersten Haus signalisiert. Deshalb ist es auch die Seele, die über unser spirituelles Wachstum entscheidet. Sie ist dafür verantwortlich, dass wir unsere Aufgabe in diesem Leben endlich bewältigen – aber sie trägt die Verantwortung nicht allein. Ja, gerade wegen dieser erhobenen Position muss uns das Universum in die Pflicht nehmen. Es lässt keine Umgehungsstraßen zu, da wir ja unseren Vertrag selbst unterschrieben, unser Horoskop als das für unsere Seele gültige anerkannt und uns für die Dauer unseres irdischen Lebens vertraglich an das Universum gebunden haben. Wie das? Nun, wir haben den Vertragsbedingungen offiziell zugestimmt mit der einen individuellen Handlung, die ebenso gewaltig wie bindend ist: unserer Geburt.

2
Die Tierkreiszeichen:
Ihr karmischer Schlüssel

B evor Sie auf eigene Faust versuchen, Hand und Fuß aus Ihrem Geburtshoroskop zu machen, könnte ein wenig Unterstützung dazu beitragen, dass Sie sich auf diesem Diagramm zurechtfinden. Falls Sie über astrologische Vorkenntnisse verfügen, können Sie dieses Kapitel überspringen. Sollten Sie sich zum ersten Mal mit der Astrologie befassen, dann seien Sie guten Mutes. Die Astrologie ist zwar eine Wissenschaft, doch ist sie nicht in Stein gemeißelt. Zwar ist jedermanns Horoskop bis zum Medium Coeli, dem Mittagspunkt, mit allerlei Symbolen für Planeten und Tierkreiszeichen vollgestopft, doch wenn es Ihnen, wie ich es in diesem Buch vorschlage, darum geht, anhand des Geburtshoroskops karmischen Ballast abzuwerfen, dann müssen Sie sich lediglich mit den in Abbildung 1 und 2 aufgeführten Zeichen befassen.

Die Symbole der Planeten	
Sonne	☉
Saturn	♄
Neptun	♆
Pluto	♇ (oder: ♇)

Die Symbole der Tierkreiszeichen	
Widder	♈
Stier	♉
Zwillinge	♊
Krebs	♋
Löwe	♌
Jungfrau	♍
Waage	♎
Skorpion	♏
Schütze	♐
Steinbock	♑
Wassermann	♒
Fische	♓

Für die Arbeit mit diesem Buch müssen Sie lediglich die Position von vier Gestirnen zum Zeitpunkt Ihrer Geburt lokalisieren – von Ihren »Geburtsplaneten« –, die zwölf Ziffern finden, die in Ihrem Horoskopdiagramm die zwölf Häuser bezeichnen, und feststellen, in welches der zwölf Tierkreis- beziehungsweise Sternzeichen die Häuserspitze Ihres zwölften Hauses fällt. Im Hinblick auf die Tierkreiszeichen müssen Sie außerdem wissen, dass die Sonne ebenfalls zur Kategorie »Geburts‹planeten‹« fällt.

Falls Sie noch nie ein Horoskop gesehen haben, wird Ihnen wahrscheinlich als Erstes auffallen, dass sich Ihr Horoskop aus zwei Ringen und einem Kreis zusammensetzt: einem äußeren schmalen Ring, einem inneren breiten Ring mit Speichen und einem kleinen Kreis, der einer Radnabe ähnelt, in der

Mitte Ihres Diagramms. Die meisten Menschen bekommen bereits beim Anblick dieser dreigliedrigen Konfiguration einen Schrecken. Sie sollten jedoch bedenken, dass sie wie alles in der wunderbaren Welt der Astrologie auf einem beeindruckenden mathematischen Fundament errichtet ist. Doch neigen mathematische Fundamente dazu, ihre Betrachter zunächst zu erschrecken, bevor sie sie faszinieren, daher liefere ich Ihnen hier eine kondensierte Version.

Der Astrologe benötigt eine genaue Abbildung des Himmels zum Zeitpunkt der Geburt. Dazu muss er drei universelle Parameter zusammenführen: Datum, Zeitpunkt und Ort des freudigen Ereignisses. In jedem Geburtshoroskop stellen die zwei Ringe und der eine Kreis genau diese drei Größen dar. Der äußere Ring des Diagramms verbildlicht auf Basis der mathematisch berechneten Positionen der Fixsterne in unseren Konstellationen das genaue Datum der Geburt. Der zweite, breitere und durch Speichen gegliederte Ring steht für den genauen Zeitpunkt der Geburt, basierend auf der mathematischen Neigung der Erdachse. Der kleine innere Kreis im Zentrum repräsentiert den exakten, anhand seiner Koordinaten bestimmten Ort, an dem wir auf die Welt gekommen sind.

Indem der Astrologe die drei Parameter aufeinander ausrichtet, erhält er die Informationen, die ihm seine Arbeit ermöglichen. Er bekommt einen ungehinderten Blick auf den Himmel über, unter und auf beiden Seiten des Ortes, an dem Sie Ihren allerersten Atemzug gemacht haben. Mit anderen Worten einen Blick auf die vollständigen 360 Grad des Universums, das Sie erschaffen hat, auf Ihren Geburtshimmel.

Weil sich 360 Grad schwer im Blick behalten lassen – schließlich befinden sich ja auch 180 Grad aus unserer Sicht immer »unterhalb« der Erde –, war schon den Astrologen früherer Zeiten klar, dass sie das Erstellen der Himmelskarte »pragmatisch« gestalten mussten, um glaubwürdige Ergebnisse zu erzielen. Als Erstes teilten Sie den Himmel in eine linke Hälfte, auf der sie alle relevanten Punkte östlich des Geburtsorts eintrugen, und in eine rechte Hälfte, die alle markanten Himmelspunkte westlich des Geburtsorts enthielten (also genau umgekehrt wie auf einer Landkarte). Dann gliederten Sie die Himmels»torte« in zwölf Abschnitte, numerierten sie und nannten sie »Häuser«, »Orte« oder »Felder«. Da die Häuser gegeneinander klar abgegrenzt sind, ist der innere Ring in jedem Horoskop durch zwölf Speichen gegliedert. Weil jedes der zwölf Häuser für ein Himmelssegment von genau dreißig Grad steht, wurden sie in einer feststehenden Ordnung um den innersten Kreis gruppiert, der den Geburtsort repräsentiert, und, angefangen beim östlichen Horizont, durchnumeriert.

Die Häuser sind die zwölf definierten »Nachbarschaften« in Ihrem persönlichen Sonnensystem und die einzigen Bereiche, in denen Sie Aussagen darüber finden, was sich im Augenblick Ihrer Geburt am Himmel zutrug. Diese Aufteilung macht die Planetenkonstellation nicht nur viel systematischer, sondern es fällt uns dadurch auch sehr viel leichter, die Planetenkonstellation zum Zeitpunkt unserer Geburt zu bestimmen und zu interpretieren.

Schauen wir uns nun einmal das Horoskop meiner Lieblingshündin Ming-Koo aus der Familie der tibetischen Shih-Tzu an. An diesem Beispiel können wir alles üben, was Sie später für die Interpretation Ihres eigenen Horoskops benötigen.

Der kleine Kreis im Zentrum von Ming-Koos Horoskopzeichnung steht für Längen- und Breitengrad ihres Geburtsortes. Die Konstellationen auf dem schmalen äußeren Ring spiegeln den Himmel am Tag ihrer Geburt am 15. Mai 1991, und die Positionierung der Speichen in dem großen inneren Ring basiert auf dem genauen Zeitpunkt ihrer Geburt um 23.00 Uhr.

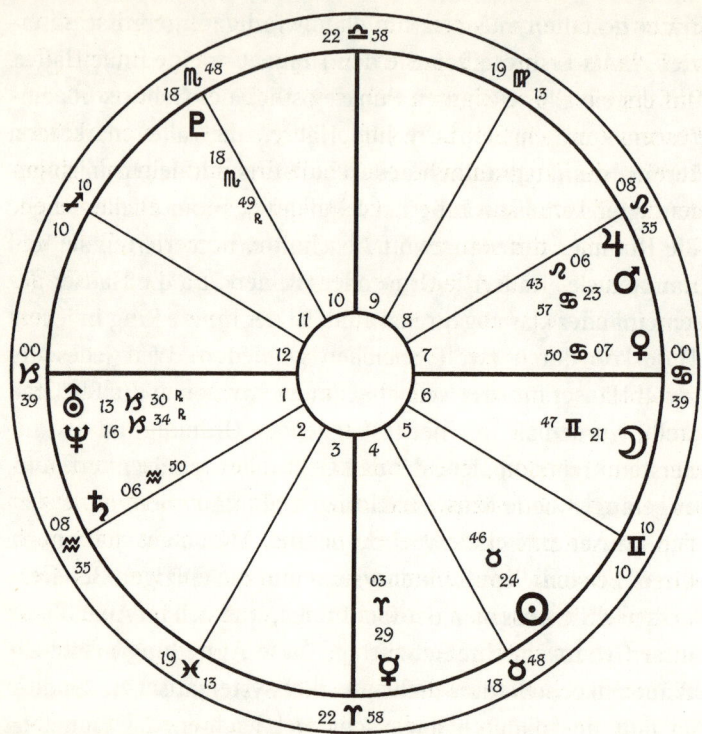

Ming-Koo Manning, geboren am 15. Mai 1991 um 23.00 Uhr in Chevy Chase, Maryland/USA.

Das sind gute Voraussetzungen, um die vier Planeten zu lokalisieren, die uns interessieren. Wir müssen lediglich die zwölf Häuser im großen inneren Ring eines nach dem anderen überprüfen, um herauszufinden, wo sich die Gestirne am Tag und zum genauen Zeitpunkt vom Ort ihrer Geburt aus betrachtet befanden. Nicht anders verfahren wir, wenn wir Sonne, Saturn, Neptun und Pluto in den zwölf Abschnitten unseres eigenen Diagramms lokalisieren wollen.

Blättern wir noch einmal zurück auf Seite 24, wo ich unseren vier Planeten ihre gebräuchlichen Symbole zugeordnet habe. Das erste und wichtigste Zeichen steht für die Sonne: ⊙.

Bestimmt haben Sie das Symbol bereits im unteren rechten Bereich des Diagramms entdeckt. Es befindet sich in einem der zwölf Tortenstückchen, die Ming-Koos Häuser darstellen. Die Nummer des Hauses finden Sie am schmalen Ende des Tortenstücks, in der Nähe des zentralen Innenkreises. Wie Sie sehen, befindet sich die Sonne in Ming Koos fünftem Haus. Dieser Abschnitt des Himmels stellt die sogenannte Nachbarschaft dar, in der sich die Sonne bei Mings Geburt befand.

Um den Standort eines Planeten zu bestimmen, reicht es nicht, lediglich festzustellen, in welchem Himmelssegment er sich im Augenblick der Geburt befand. Man muss auch noch wissen, welche Konstellation beziehungsweise welches Tierkreiszeichen er zum gegebenen Zeitpunkt durchlief. Zwar wissen die meisten Menschen, dass die Geburt eines jeden in einem beliebigen Jahr am 15. Mai Geborenen in die Zeit fällt, in der die Sonne das Zeichen Stier durchläuft. Aber Ming-Koo weiß es sicher nicht, und wir wollen einfach mal so tun, als ob wir es ebenfalls nicht wüssten. Nachdem wir die Position des Sonnensymbols in einem der Häuser des Horoskopdiagramms festgestellt haben, suchen wir also das kleine Tierkreiszeichen, das sich in der Nähe des Sonnensymbols befindet (achten Sie dabei nicht auf die Zahlen, sondern nur auf das Symbol). Das kleine Zeichen neben der Sonne im fünften Haus ist ♉, das Symbol für den Stier. Nun haben wir also anhand des Horoskopdiagramms innerhalb kürzester Zeit herausgefunden, dass Ming-Koos Sonne sich bei ihrer Geburt im fünften Haus und im Zeichen Stier befand.

Als Nächstes wollen wir Saturn finden. Wir suchen also nach folgendem Symbol: ♄.

Das Tortenstück, das den Saturn enthält, trägt die Nummer 1, und das Tierkreiszeichen, in dessen Einflussbereich sich das Planetensymbol im ersten Haus befindet, ist ♒, also Wassermann.

Nun ist Neptun ♆ an der Reihe. Ihn finden Sie ebenfalls im ersten Haus, jedoch im Tierkreiszeichen Steinbock: ♑.

Pluto ist der letzte Planet, den wir suchen: ♇ (auch häufig so dargestellt: ♇). Ihn sehen wir im elften Haus im Tierkreiszeichen Skorpion: ♏.

Damit haben wir die vier Planeten lokalisiert, für die wir uns im Rahmen der karmischen Astrologie interessieren. Dieser Prozess wird Ihnen von Mal zu Mal leichter fallen, wenn Sie Horoskope deuten, denn die Schritte, die Sie hierzu tun müssen, sind immer die gleichen: Stellen Sie fest, welche Symbole die vier Planeten repräsentieren, suchen Sie sie in den tortenstückförmigen Häusern des Horoskops und finden Sie heraus, in welcher der zwölf Tierkreiskonstellationen sich die Planeten jeweils befinden. So einfach ist das.

Damit ist der Zeitpunkt gekommen, um uns mit den Häuserspitzen zu befassen. Die speichenförmigen Linien sind nicht nur die Begrenzungen der Felder, sondern sie dienen auch als ihr offizieller Anfang. Zwar wird jedes Feld gegen seinen Nachbarn durch zwei Linien begrenzt, jedoch hat es nur einen Anfang und ist dort am wirksamsten. Dies ist von großer Bedeutung, denn es heißt, dass sich der Zugang etwa zum zwölften Haus im Horoskopdiagramm auf der Linie zwischen dem elften und dem zwölften Haus befindet und dass nur diese Linie den wirksamen Anfang des zwölften Hauses darstellt. In Ming-Koos Fall ist es die Zehn-Uhr-Position im linken oberen Viertel des Diagramms. Um festzustellen, welche

Tierkreiskonstellation sich zum Zeitpunkt der Geburt am Eintritt zum zwölften Haus befand, folgen Sie der Grenzlinie bis zum äußeren Ring des Horoskops. Das Symbol ♐ besagt, dass sich im Augenblick von Ming-Koos Geburt am 15. Mai 1991 um 23.00 Uhr das Sternzeichen Schütze am Anfang ihres zwölften Hauses befand.

So einfach diese Bestimmung war, noch leichter wird es Ihnen fallen, die Häuser Ihres eigenen Horoskops zu ermitteln. Das liegt natürlich daran, dass die Position des zwölften Hauses wie die aller übrigen Häuser in Ihrem wie im Diagramm aller Menschen unverrückbar an der immer gleichen Stelle ist. Das gilt damit natürlich auch für den wichtigen Anfang der Häuser.

Nun, da Sie erfolgreich die erforderlichen Planeten, die Sternbilder und den Anfang der Häuser in Ming-Koos Geburtshoroskop lokalisiert haben, sind Sie fortgeschritten genug, um noch einmal von vorn zu beginnen: mit Ihrem eigenen Horoskopdiagramm. Falls Sie irgendwann einmal im Laufe des Prozesses Symbole an den falschen Stellen suchen und Anfänge an den richtigen nicht finden, dann können Sie zum zweiten Kapitel zurückkehren, und wenn es nur ist, um sich daran erinnern zu lassen, dass sich in der wunderbaren Welt der Astrologie manche Dinge sogar immer am gleichen Ort befinden.

3

Das Sonnenzeichen:
Ihr karmischer Schulabschluss

Auch in der karmischen Astrologie ist es am besten, mit dem Anfang zu beginnen – dort, wo die Geschichte des Kosmos startet. Der Legende über die Entstehung des Weltalls gemäß wurden unsere Seelen irgendwann nach dem großen Urknall auf diesen Planeten geschickt, um sich in der Welt des Materiellen und des Spirituellen zu bewähren und sich zu entwickeln. Doch besagt das kosmische Gesetz, dass unsere Seele die gestellte Aufgabe nur dann als gemeistert ansehen darf, wenn sie in der physischen Welt einen »ehrenvollen menschlichen Fingerabdruck« hinterlässt. Es hört sich zwar so an, als ob das für unsere weise alte Seele ein Leichtes wäre. Doch muss man bedenken, dass ein »ehrenvoller menschlicher Fingerabdruck« eben nicht nur honorabel ist, sondern eben auch menschlich. Wenn unser spirituelles Vorankommen im Morgen vollständig von unseren physischen Leistungen im Hier und Jetzt abhängig ist, dann muss die Seele hier, auf dem Planeten Erde, aufsteigen und über sich selbst hinauswachsen. Ein spiritueller Punktgewinn in der materiellen Welt kommt nicht zustande, wenn sie nur ziellos und nach Lust und Laune auf dem Spielfeld menschlichen Lebens umhertappt. Vielmehr müssen Körper und Seele sich in einer

Inkarnation dauerhaft zusammentun – in der Person, die wir sind. Nur gemeinsam können Seele und Körper das Versprechen halten und einen sinnvollen Beitrag leisten, indem sie einen ehrenvollen menschlichen Lebenslauf schaffen, für dessen Verwirklichung der Körper sich eingesetzt hat und auf den die Seele stolz sein kann.

Dieser Umstand führt uns zu dem bedeutendsten Faktor im Sonnensystem und der wichtigsten Klausel in unserem »Vertrag mit dem Universum«: der aus sich selbst leuchtenden Sonne.

Als die zentrale Licht- und Wärmequelle der Erde befindet sie sich in etwa 150 Millionen Kilometer Entfernung im Zentrum unseres Planetensystems. Einmal im Jahr durchläuft sie scheinbar (aus Sicht der Erde) zwölf Gestirnskonstellationen, die wir uns auf einem himmlischen Band vorstellen, das wir »Ekliptik«, »Tierkreis« oder »Zodiak« nennen. Als einflussreiche Kraft am Himmel dominiert die Sonne unsere Existenz, sie gibt uns Stärke und schenkt uns Leben. Als einflussreiche Kraft im Horoskop macht sie uns von anderen Menschen unterscheidbar, sie energetisiert unser Ego und bringt unsere Persönlichkeit hervor. Aus der astrologischen Perspektive betrachtet, bestimmt die Sonne, wer wir sind. Aus der spirituellen Perspektive betrachtet, stellt die Position der Sonne im Horoskop unseren karmischen Fingerabdruck dar, oder – wie es die meisten karmischen Astrologen interpretieren – sie steht für das persönliche Versprechen unserer Seele an das Universum, dass wir in diesem Leben etwas aus uns machen werden. Es kann bedeuten, dass wir eine Führungsposition erlangen, die Welt mit unserer Strahlkraft beeindrucken oder die Menschen in unserem Umfeld mit unserer Energie beflügeln. Hier geht es nicht darum, Druck zu machen – es handelt sich lediglich um das persönliche Versprechen unserer Seele, in die Welt hinauszutreten und das Richtige zu tun. Wenn man nun meint, das höre sich einfach an, und – wie viele – glaubt, man müsse hierzu lediglich die allgemeinen astrologischen Beschreibungen für sein Sonnenzeichen umsetzen (also das Tierkreiszeichen, in dem die Sonne bei unserer Geburt stand), dann hat man es sich in der Tat zu leicht gemacht.

Wir müssen uns nicht bemühen, unser Sonnenzeichen »zu leben«. Es liegt in der Natur der Sache, dass wir unser Sonnenzeichen »sind«. Während viele Menschen glauben, dass wir tatsächlich die Eigenschaften unseres Sonnenzeichens personifizieren, denken viele, das sei deshalb der Fall, weil wir die Energien sozusagen absorbiert haben, als wir in ein bestimmtes solares Umfeld hineingeboren wurden. Tatsache ist jedoch, dass wir die Angelegenheit von einer höheren Warte aus betrachten müssen.

Aus der erhöhten spirituellen Perspektive der Seele ist es gewiss kein Zufall, dass jede der zwölf Konstellationen in der Ekliptik unterschiedliche und zugleich bedeutsame Stadien der Menschheitsentwicklung repräsentiert. Vielmehr stellen die zwölf Sternzeichen universelle Lernziele dar, die der Entwicklung der Seele dienen und die wir erreichen müssen, wenn wir Fortschritte machen wollen. Manche Seelen sind ehrgeiziger als andere und kommen schneller voran. Das karmische Gesetz jedoch verlangt es, dass jede einzelne Seele letztlich auch jede einzelne dieser zwölf Ebenen individuell meistert. Das sind hohe Anforderungen an unsere Seele wie auch an unseren Körper, denn wir müssen das Pensum bewältigen im Rahmen der materiellen Begrenzungen, denen wir auf der Erde unterworfen sind. Und als ob dies noch nicht genug wäre, wird von uns auch erwartet, dass wir unsere Lernziele ohne vorgegebene Reihenfolge und offenbar ohne jeglichen Zeitrahmen erreichen, dass wir eben so lange arbeiten, bis wir unser Pensum bewältigt haben. Dafür brauchen wir in der Regel viele Leben. Denn wir haben stets die Gelegenheit, auf unserem Weg immer wieder über allerlei irdisches Chaos zu stolpern und in unserer Entwicklung aufgehalten zu werden. Zum Glück steht dem Universum offenbar sehr viel Zeit zur Verfügung ...

Das führt uns zu den häufig gestellten Fragen: »Warum das alles? Wozu sollen die Erfahrungen eines früheren Lebens auf der Wanderschaft durch die mit Hindernissen übersäten Minenfelder der verschiedenen Konstellationen gut sein, wenn wir uns nicht einmal an sie erinnern können? Vor allem dann, wenn sie sich auf unser gegenwärtiges Leben kaum auszuwirken scheinen?« In Wahrheit erinnert sich unsere Seele aber durchaus an ihre Erfahrungen aus zurückliegenden Leben, auch wenn wir selbst es nicht tun. Und wenn wir die Stellung der Sonne aus der spirituellen Perspektive – der Perspektive der Seele – betrachten, dann erkennen auch wir, dass sich vergangene Inkarnationen sehr wohl auf unser gegenwärtiges Leben auswirken. Außerdem begreifen wir, dass wir mit der Kenntnis von diesen früheren Inkarnationen Einfluss auf unser gegenwärtiges Dasein nehmen können. Ja, wir erkennen den wahren Grund dafür, warum wir gerade in diesem Augenblick der Sonnenreise durch die Tierkreiszeichen geboren wurden, und unsere erhöhte, spirituelle Sichtweise hilft uns, diesen Grund klarer wahrzunehmen.

Wir wurden nämlich deshalb zu dem Zeitpunkt geboren, als die Sonne unser Tierkreiszeichen durchlief, weil diese Konstellation die zuletzt erreichte spirituelle Entwicklungsebene unserer Seele und zugleich das gegenwärtige Niveau unserer irdischen Kompetenz dokumentiert. Unser Stern- beziehungsweise Sonnenzeichen offenbart nicht nur, welche kosmische Lernaufgabe wir unter dem wachsamen Auge des Universums in unserem letzten Leben zufriedenstellend bewältigt haben.

Es zeigt uns auch, auf welche Weise wir uns qualifiziert haben, um aufgrund unseres »karmischen Schulabschlusses« ein strahlendes Vorbild für natürliche Autorität, Macht und Kreativität zu sein. Da ist es kein Wunder, dass wir gar nicht anders können, als die Qualitäten unseres astrologischen Sonnenzeichens, ohne noch über sie nachzudenken, nach außen zu projizieren, dass ihre Energien uns in Fleisch und Blut übergegangen sind. Auf einer tieferen Ebene haben wir bereits all das durchgearbeitet, erfahren und gemeistert, wofür sie stehen. Dies bedeutet, dass das Sonnenzeichen auf einer tiefen Ebene für unsere universelle Ausbildung steht – für die spirituellen Zeugnisse und den karmischen Fortschritt unserer Seele. Wie das Wissen und die Fertigkeiten, die wir durch einen beliebigen Hochschulabschluss erwerben, sind die Energien unseres Tierkreiszeichens fest in unserer Seele verankert – sie gehören uns, und wir sind verpflichtet, sie zu nutzen. Zwar lernen wir alle früher oder später, jenen vermeintlich aus heiterem Himmel auftretenden Geistesblitzen und unerklärlichen Einsichten zu vertrauen, die immer im Einklang mit den Eigenschaften unseres Sonnenzeichens aufzutreten scheinen. Doch ist es viel besser und wir sind auch glücklichere Menschen, wenn wir sie als das erkennen können, was sie tatsächlich sind: die Aufforderung des Universums an uns, endlich unsere Rolle anzunehmen.

Jene Augenblicke unerwarteter Weisheit sollen uns daran erinnern, dass das Universum nicht nur für unsere Ausbildung sorgt, sondern auch will, dass wir unser Wissen und Können für die Erfüllung unserer spirituellen Aufgabe einsetzen. Wenn Sie beispielsweise mit dem Sonnenzeichen Zwillinge geboren wurden, dann haben Sie ein bemerkenswertes Talent für das Entdecken von und den Umgang mit Sprachen, Informationen, Menschen und Ideen mitbekommen. Sie wurden nämlich gewollt in dem Augenblick in die Welt gestellt, als die Sonne das Tierkreiszeichen Zwillinge durchlief, weil Sie in einer Ihrer vorangegangenen Inkarnationen Ihren »karmischen Schulabschluss« in Kommunikation und Netzwerkpflege gemacht haben und weil das Universum nun von Ihnen erwartet, dass Sie die durch diesen Abschluss dokumentierten Fertigkeiten zum Einsatz bringen. Tatsächlich wartet der Kosmos wahrscheinlich schon mehrere Inkarnationen lang auf die Zwillingegeborenen. Doch hat man ihnen offensichtlich auch beigebracht, dass die Welt interessanter ist und sie ihr Interesse an ihr leichter aufrechterhalten, wenn sie sich gelegentlich unzuverlässig und noch häufiger oberflächlich geben ...

Sollten Sie geboren worden sein, als die Sonne sich gerade im Zeichen Fische befand, dann können Sie sich darauf verlassen, dass Sie in einem Ihrer früheren, weniger verschwommenen Leben einen »karmischen Schulabschluss« im Auflösen von Grenzen und im Aufweichen unserer gnadenlosen Wirklichkeitsvorstellung gemacht haben. In Ihrem gegenwärtigen Leben ziehen Sie Leid an wie ein Magnet. Aber nur deshalb, weil Sie ein echter Experte für die Genesung und Wiederherstellung sind, der sich eben selbst für den Prozess zur Verfügung stellt, bis er ein geeignetes Opfer findet.

Mit einem Skorpion als Sonnenzeichen gibt es keinen Zweifel: Sie sind ein professioneller Überlebenskünstler, der sein »Abitur« in emotionaler Nähe, unbekannten Kräften und dem Spannungsfeld aus Leben und Tod in der Tasche hat. Sie sind nichts weniger als ein echter Selbstverteidigungsexperte mit schwarzem Gürtel, der, wenn man bei der Wahrheit bleibt, angetrieben wird von seinen eigenen tief verborgenen Sehnsüchten und noch mehr von jenen tieferen Quellen, die Ihnen nicht offenstehen und es auch niemals werden.

Ihre Sonne befindet sich im Tierkreiszeichen Jungfrau? Dann besitzen Sie auch den entsprechenden Schulabschluss, der Sie wie keinen Zweiten dazu befähigt, Daten, Grundsätze, Prozesse und Menschen zu analysieren und zu korrigieren. Sie sind der hervorragend ausgebildete, jedoch nie berufene Problemlöser und Kritiker, der irgendwo auf diesem unvollkommenen Weg zur Vollkommenheit eine lästige Faszination für Faktenrecherche und Detailkenntnis entwickelt hat. Sie sind immer schnell dabei, die Fehler zu finden, aber nur deshalb, weil Sie genau darin vom Universum ausgebildet wurden.

Wenn Ihre Sonne in der Waage steht, sind Sie gemäß Ihrer Ausbildung im Bewahren von Fairness, Frieden und Zusammenhalt ein Stratege, der hinter den Kulissen wirkt und dem es leichtfällt, beide Seiten einer Medaille zu sehen oder auch den Wolf im Schafspelz zu erkennen. Sie sind ein professioneller Partner, der irgendwann im Verlauf seiner diplomatischen Vergangenheit im Hauptfach »Manipulation« und im Nebenfach »Frieden um jeden Preis« studiert hat.

Und was hat es mit dem Schützen als Sonnenzeichen auf sich? Zunächst einmal: Keiner ist besser dazu geeignet, mit Heroismus und wahrer Meisterlichkeit Wahrheit, Wissen, Gerechtigkeit und Abenteuer auf seine Fahne zu schreiben und sich für sie einzusetzen. Freilich ist auch niemand besser darin, selbstgerecht die Vorstellungen und Meinungen anderer abzutun. Schützen sind vom Universum ausgebildet worden, ihrem Herzen zu folgen und für ihre Überzeugungen notfalls zu sterben. Dieser Umstand erklärt, warum es ihnen leichtfällt, ihre Überzeugungen mit anderen zu teilen, und warum es Ihnen anschließend sogar noch leichter fällt, sie zu ändern.

Wir haben unser Sonnenzeichen nicht ohne unser Zutun »irgendwie geerbt«. Wir haben es erworben wie einen Schul-

oder Universitätsabschluss – und nun wartet das Universum darauf, dass wir es zum Einsatz bringen.

Jetzt, in diesem Leben und zum gegenwärtigen Zeitpunkt, sind wir aufgerufen, die Qualitäten unseres Sonnenzeichens zum Einsatz zu bringen. Denn es symbolisiert die Ausbildung, das Wissen und die Kompetenz, die unsere Seele zu einem bestimmten Zweck erworben hat: für unsere persönliche Sinnfindung. Es personifiziert den Kern unseres Potenzials. Und zwar nicht nur, indem es spiegelt, wer wir sind und was wir durchlebt haben, sondern indem es ausstrahlt, was wir gelernt haben und wie weit wir vorankommen könnten. Das Sonnenzeichen bestätigt wie jeder andere Abschluss auch unsere hervorragenden kreativen Qualitäten vor aller Augen, indem es uns und alle, die unseren Weg kreuzen, daran erinnert, welche einzigartigen und ehrenhaften solaren Kräfte uns für die Dauer unseres Lebens zur Verfügung stehen. Genau diese Energien benötigen wir, um etwas aus uns zu machen und um in der Welt unseren »ehrenhaften Fingerabdruck« zu hinterlassen.

Ja, genau das macht unser Sonnenzeichen zu unserem universellen Zugang zur Macht und zu jenem solaren Paragraphen in unserem Vertrag mit dem Universum. Es stellt unser Versprechen dar, dass wir in diesem Leben alles auf Sieg setzen und den Weg zu diesem Ziel mit Hilfe der zuvor erworbenen Energien dieses astrologischen Zeichens zurücklegen wollen. Gehen wir also an die Arbeit!

Die Sonne im Zeichen Widder
☉ in ♈

Karmischer Schulabschluss: Ego, Unabhängigkeit und physisches Selbst.

Herrscher des Zeichens Widder: Mars, der Planet des Egos und des physischen Handelns.

Da Ihr Leben seinen Anfang nahm, als die Sonne das Tierkreiszeichen Widder durchlief, erfolgte die vorangegangene Entwicklung Ihrer Seele unter dem Vorzeichen der persönlichen Unabhängigkeit, unterwiesen durch die Lektionen des physischen Selbst. Das bedeutet, Sie sind in Ihrem gegenwärtigen Leben angekommen, um uns zu zeigen, wie man mit persönlichem Ehrgeiz, unabhängiger Leistung und körperlichem Einsatz – Erfahrungswerte, die dem Ego zu verdanken sind – führen und inspirieren kann. Mit anderen Worten, Sie sollen auf irritierende Weise unabhängig sein. Sie haben es geschafft, sich zu einem autarken Individuum zu entwickeln, und das vorrangig deshalb, weil Sie keine Angst davor haben. Eine solche spirituelle Aufgabenstellung hört sich fast zu gut an, um wahr zu sein. Es dreht sich alles nur um Sie, oder es sollte jedenfalls so sein. Und zwar deshalb, weil die Sonne – nach astrologischen Gesichtspunkten – ihre höchste Strahlkraft entfaltete, als sie sich in der mit den Energien der Wertschätzung durchtränkten Widderphase befand. Diese Tatsache erklärt, warum der Widder-»Schulabschluss« mit einem so über die Maßen stark ausgeprägten Ego einhergeht, das mit nichts weniger zufrieden ist als vollkommener persönlicher Freiheit. Offenbar ist es für Sie erforderlich, die Welt ausschließlich aus Ihren eigenen Blickwinkeln zu betrachten, denn schließlich müssen Sie, wie es Ihre Ausbildung verlangt, aus dem Moment heraus handeln. Das Universum erwartet von Ihnen, dass Sie neue Wege freischlagen, dass Sie Ihr Leben auf Messers Schneide führen und springen, bevor Sie Zeit haben, sich zu orientieren. Ein solches Programm kann natürlich nicht für »Otto Normalverbraucher« bestimmt sein; da wären Sie der Erste, der zustimmt. Und Sie fallen ja auch nicht einmal ansatzweise in diese Kategorie. Schließlich haben Sie Ihren Widder-Abschluss erworben, indem Sie lernten, Angst, Konflikte, Herausforderungen und Widerstand zu suchen und sich ihnen mutig entgegenzustellen.

So ist es kein Zufall, dass Ihnen niemand das Wasser reichen kann, wenn es um entschlossenes, rasches Handeln geht. Als der im höchsten Maße wettkampforientierte, auf Sieg versessene Meister unvermessener Territorien sind Sie vollkommen ohne Angst. Einen beeindruckenderen Lebenslauf als den Ihren kann man sich kaum vorstellen. Nur, die damit einhergehenden Herausforderungen stehen dem in nichts nach. Aber für jemanden, der im Hauptfach Unsterblichkeit studiert zu haben scheint und dem es gelungen ist, seine kosmischen Zeugnisse zu erlangen, indem er unablässig auf Sieg gesetzt hat, der unerschrocken jede Gelegenheit beim Schopfe packte und mutig immer voraus war, für den – also für jemanden wie Sie – sind solche Herausforderungen ein Klacks. Kein Wunder also, dass es Ihnen bestimmt ist, unser Vorbild in Sachen individuelle Leistung und persönliche Vortrefflichkeit zu sein. Sie haben sich karmisch qualifiziert, sich die Welt zu eigen zu machen. Leider wird von Ihnen aber auch verlangt, all dies zu tun, ohne sich zum Mittelpunkt des Universums hochzustilisieren. Man kann es kaum glauben, aber Ihr Erfolg ist keineswegs eine ausgemachte Sache. Obwohl Sie mit einem bemerkenswerten Ego ausgestattet wurden, mit dem Sie fast alles erreichen können, so geht mit ihm eine planetare Vorbedingung einher, die von Ihnen verlangt, dass Sie sich niemals und auf keine Weise jemals von der dominanten Energie Ihres Egos kontrollieren lassen. Stattdessen müssen Sie Ihren physischen Erfolg und Ihre persönliche Größe anhand von selbstbewussten und bestimmten, nicht aber von selbstsüchtigen und rücksichtslosen unabhängigen Handlungen unter Beweis stellen. Ja, das ist ein Unterschied, und, nein, es gibt keine Ausnahmen. Offenbar ist die Unsterblichkeit doch nicht so einfach zu erlangen.

An Ihren Glanztagen kann es mit Ihrer Spontaneität, Motivation, Ihrem Pioniergeist und Mut niemand aufnehmen. Sie brechen immer auf, um das Unmögliche zu erreichen, und sind in der Regel auf die eine oder andere Weise erfolgreich. Sie sind leidenschaftlich furchtlos und stecken uns mit Ihrem starken Selbstgefühl und Ihrer Begeisterung für das Leben an. Wir staunen über Ihre Bereitschaft, all jene Projekte, die jedermann abzulehnen und zu vermeiden scheint, nicht nur bereitwillig anzunehmen, sondern auch zu initiieren. Leider veranlasst Sie Ihr übergroßes Ego häufig, sich und Ihre eigenen Möglichkeiten zu überschätzen. Deshalb bleiben die begonnenen Projekte, sobald sie eine stärkere Auseinandersetzung mit den Details verlangen oder langweilig werden, oft unabgeschlossen. Wenn dann Lob ausbleibt und Erfolg nicht auf dem Fuße folgt, müssen wir sehr wahrscheinlich zusehen, wie Sie ungeduldig auf allen herumtrampeln, die Ihnen im Weg stehen, arrogant die Unfähigkeit anderer bekritteln oder eine Abkürzung zur Befriedigung Ihrer eigenen Zielvorstellungen einschlagen. In solchen Situationen, in denen Ihre Unfähigkeit, über Ihren narzisstischen Horizont hinauszublicken, Ihr heißblütiges Naturell hervorkehrt und Ihre rücksichtslose Ungeduld auslöst, sind Sie eigensinnig, penetrant, kindisch und streitsüchtig. In solchen dunklen Zeiten sind Sie in Ihrem Egoismus und in Ihrer Tyrannei unübertrefflich.

Diese Tatsache sollte uns nicht in Erstaunen versetzen. Schließlich sind Sie der Krieger des Universums, der uns nicht nur mit seiner Bereitschaft, aufzustehen und mitzumachen, in Erstaunen versetzt, sondern darüber hinaus mit seiner Fähigkeit, auch noch die eigenen Erwartungen an sich selbst zu übertreffen. Das genau ist die Aufgabe, die Ihnen gestellt ist. Außerdem kann Ihr erstaunliches Ego ohnehin keinen anderen Ansatz zulassen, und daher scheint es für uns Außenstehende immer so, als ob Sie über mehr beherztes Selbstvertrauen und leidenschaftlichen Mut verfügen, als menschlich überhaupt möglich ist. Allein Ihre Gegenwart verleiht uns den Mut zu größerer Unabhängigkeit und inspiriert uns, sogar noch hochfliegendere Ideale anzustreben. Aber schließlich hat das Universum Sie mit Ihrem Widder-»Diplom« dazu bestimmt, uns zu zeigen, was wahre Führerschaft heißt. Warum sonst sollten Sie immer in vorderster Reihe in die Schlacht stürmen, sich geradezu gewollt in Gefahr begeben und sich mit Heldenmut gegen jegliche überwältigende Übermacht stellen? Offenbar liegt genau darin Ihre karmische Verantwortung. Diese Aufgabenstellung wird Sie kaum überraschen. Anders als andere sind Sie mit einem außergewöhnlichen Ego beschenkt, das Sie mit gewaltiger Willenskraft und unstillbarem Ehrgeiz ausstattet. Sie wissen, dass Sie Ihre Furchtlosigkeit dazu einsetzen sollen, um andere zur Risikobereitschaft und zum Streben nach Spitzenleistungen zu ermutigen. Auf irgendeiner Ebene ist Ihnen sogar klar, dass Sie mit der Erfüllung Ihrer Aufgabe eine Eintrittskarte ins Walhalla erhalten, wo Sie Ihren Ehrenplatz als Erster unter Gleichen einnehmen dürfen. Doch genau das ist Ihr ganz persönliches kosmisches Dilemma. Denn vielleicht wissen Sie es ja noch gar nicht: Obwohl Ihre

Seele in ihrem früheren Leben überaus erfolgreich war und Sie über ausreichend irdische Garantien dafür verfügen, dass Ihnen selbiges auch in diesem Leben gelingen wird, Ihr unabhängiges Ego hat mit großer Wahrscheinlichkeit vollkommen andere Pläne.

Ihre kosmische Titelmelodie: »I Am, I Said« von Neil Diamond.

Die Sonne im Zeichen Stier
☉ in ♉

Karmischer Schulabschluss: persönliche Werte, materielle Ressourcen und Resultate.
Herrscher des Zeichens Stier: Venus, der Planet von Liebe, Schönheit und Vergnügen.

Da Sie geboren wurden, als die Sonne das Sternzeichen Stier durchlief, erfolgte die vorangegangene Entwicklung Ihrer Seele auf dem Weg des physischen Wachstums mit Lektionen in persönlichen Werten. Sie sind in Ihr gegenwärtiges Leben eingetreten, um uns darin zu unterweisen, wie man handfesten Nutzen aus Bequemlichkeit, materiellem Besitz und konkreten Ergebnissen schöpfen und diese angemessen würdigen kann. Keine Frage, dieses spirituelle Programm anzutreten löst keine Widerstände aus, denn es verlangt von Ihnen zum Glück nicht mehr, als die meiste Zeit ein zufriedenes und gutes Leben zu führen, wozu Sie lediglich Ihrer eigenen physischen Befriedigung Vorrang einräumen müssen. Bevor sich jedoch Phantasien von harter Währung und weichen Sofakissen in Ihrem Kopf festsetzen, sollten Sie sich darüber im Klaren sein, dass das Universum niemandem einen Freifahrtschein zugesteht, auch dann nicht, wenn Ihr spirituelles Programm mit einer goldenen Kreditkarte ausgerüstet zu sein scheint. Sie haben mit Auszeichnung den karmischen Anforderungen für den Stier-Abschluss genügt und alle Voraussetzungen erfüllt, um auf physischem Wege Werte, Stabilität, Zufriedenheit und Resultate zu erlangen und aufrechtzuerhalten. Kein Zweifel, Ihr zuweilen geradezu zwanghaftes Anhäufen von finanziellen Sicherheiten und Ihr leidenschaftliches Verlangen nach materieller Belohnung sind mehr als Ihr Antrieb, um morgens aufzustehen, sie sind Ihre karmische Verantwortung.

Sie sind der kosmische Connaisseur, der zu keinem anderen Zweck hier ist, als um die universelle Bedeutung irdischer Prosperität zu personifizieren. Sie müssen für uns also lediglich ein strahlendes Vorbild des Gedeihens schlechthin abgeben. Kein Wunder also, dass es Ihnen keinerlei Mühe bereitet, das zu besitzen, was Sie zu schätzen wissen – dass es Ihnen aber, wie wir wissen, dafür umso schwerer fällt, sich von etwas zu trennen, was Sie erst einmal in Besitz genommen haben. Sie sind vom Himmel in der Kunst geschult, Werte zu bewahren, und aus diesem Grunde mit einem erstaunlichen Blick für Schönheit und einem ausgeprägten Sinn für Qualität ausgerüstet. Deshalb auch können die schöneren Dinge im Leben Ihnen die größten Qualen verursachen, nämlich dann, wenn es Ihnen nicht gelingt, sie zu erwerben, oder – was für Sie noch schlimmer ist – wir sie Ihnen vor der Nase wegschnappen.

Der Kosmos verlangt, dass man Werte erst definieren können

muss, ehe man sie in Besitz nehmen darf. Das heißt, dass Sie zunächst ein verlässliches Wertesystem entwickeln müssen, bevor Sie sich irgendwelche Anrechte in der materiellen Welt sichern dürfen. Gemeint sind persönliche Leitlinien, die Sie zwingen, nach der Vortrefflichkeit zu streben, die Sie in Ihrem gegenwärtigen Leben verkörpern sollen – und zwar ohne sich dabei dickköpfig gegen die Veränderungen zu wehren, die für Ihr persönliches Wachstum erforderlich sind und Sie zu einem besseren Menschen und nicht nur zu einem reicheren machen. Könnte dies das sprichwörtliche Haar in der kosmischen Suppe sein? Vielleicht. Denn Ihr Stier-Abschluss bestätigt zwar, dass niemand den Wert von Zuverlässigkeit und Beständigkeit klarer erkennt als Sie, doch das Universum lässt materielles Wachstum nicht zu, wenn persönliches Wachstum hintansteht. Bevor Sie also irgendetwas Wertvolles besitzen, etwas Dauerhaftes aufbauen oder etwas Besitzenswertes behalten dürfen, müssen Sie sich zunächst von der Überzeugung verabschieden, dass eine Veränderung, ebenso wie ein leerer Magen oder ein unbequemer Sessel, etwas ist, was man um jeden Preis vermeiden muss. Oder aber Sie müssen dafür bezahlen.

An guten Tagen sind Sie pragmatisch, besonnen, stark, fähig und, das ist am wichtigsten, zuverlässig. Sie inspirieren Ihre Mitmenschen mit Ihrem Durchhaltevermögen und mit Ihrer Entschlossenheit, Projekte zu einem guten Abschluss zu führen, die andere längst aufgegeben haben. Wenn Sie in schweres Fahrwasser kommen, dann gelingt es Ihnen immer auf eindrucksvolle Weise, den Kopf über Wasser zu halten, Ihre Versprechen einzulösen und uns dabei unerbittlich voranzutreiben. Ja, niemand kann Ihnen das Wasser reichen – und vor allem: Niemand ist zuverlässiger. Doch leider ist Ihr größter Vorteil zugleich Ihre größte Last und die unrühmliche

Ursache für Ihre weniger guten Tage. Denn in schlechten Zeiten reduziert sich Ihre standhafte Beharrlichkeit zu dickköpfiger Sturheit, und das nur deshalb, weil Ihre persönlichen Werte in Frage gestellt oder Ihre physische Sicherheit bedroht sind – oder weil es Ihnen so scheint. Dann verwandeln Sie sich in den schlimmsten Dickkopf und übelsten Geizkragen, dem wir je begegnet sind. Wir müssen dabei zusehen, wie Sie Ihre Mitmenschen einschüchtern, wütend Ihre persönlichen Begabungen zurückhalten, sich besitzergreifend an allem festklammern, was Sie als Ihr Eigentum betrachten, und egoistisch Reichtum anhäufen, den Sie mit niemandem zu teilen gedenken und am liebsten bis zum Sankt-Nimmerleins-Tag aufsparen wollen.

Welche Wege stehen Ihnen offen? Als der Botschafter des Universums, der uns zu unserer irdischen Existenz hinführen soll, müssen Sie jetzt die Personifizierung zuverlässiger greifbarer Resultate sein. Es liegt an Ihnen, sich den Nutzen der materiellen Welt zu eigen zu machen, denn Ihre Aufgabe ist es, ihr wichtigstes Gesetz mit Leben zu erfüllen: Der Besitz, nach dem wir streben, ist Ausdruck unserer eigenen Wertschätzung. Von Ihnen wird erwartet, dass Sie Ihre kosmische Weisheit mit uns teilen. Nur deshalb wurden Sie mit allem Erforderlichen ausgerüstet, um Ihre materiellen Zielsetzungen zu erreichen und um Ihren Hunger nach Dinglichem zu stillen. Die Welt beobachtet jeden Ihrer Schachzüge. Durch Ihr spirituelles Beispiel sollen wir lernen, dass auf dieser irdischen Ebene nur Kraft dazu taugt, Berge zu versetzen, und dass das Schaffen von Werten immer belohnt wird. Durch Ihr persönliches Vorbild müssen wir erkennen, dass materieller Besitz stets mit Verantwortung einhergeht. Sie zeigen uns zwar, wie wir unseren Besitz bewahren können, ohne uns an ihn zu klammern – doch das ist nicht der schwierige Teil der an Sie gestellten Erwartungen. Die größte Herausforderung an einen Stier-Absolventen, wie Sie einer sind, ist es, uns zu zeigen, dass wahrer Wert nichts mit dem Preis zu tun hat. Manche Berge sind eben noch höher als andere.

Ihre kosmische Titelmelodie: »You Can't Always Get What You Want« von den Rolling Stones.

Die Sonne im Zeichen Zwillinge
⊙ in ♊

Karmischer Schulabschluss: Kommunikation, Erziehung und Netzwerkpflege.
Herrscher des Zeichens Zwillinge: Merkur, der Planet des Geistes und des Intellekts.

Als »Zwillinge-Geborener« hat sich Ihre Seele in der vorangegangenen Inkarnation auf dem Pfad der Erfahrung durch die unmittelbare Umgebung intellektuell entwickelt. Ihre Aufgabe in Ihrem gegenwärtigen Leben ist es also, Ihre Mitmenschen durch Kommunikation, Erziehung, Handel und Verkehr zueinander in Beziehung zu setzen. Offenbar ist dies der globale Nachrichtendienst spiritueller Aufgaben, denn Sie wurden dazu geboren, die komplexen Schaltkreise unserer gewöhnlichen Existenzen zu erforschen, bekannt zu machen, darzulegen und, ja, so ist es, uns in Aufruhr zu versetzen. Deshalb können Sie gar nicht anders, als jedes existierende Netzwerk zu erkunden, um darin jede widersprüchliche Meinung aufzuspüren und jedermann zum Nachdenken anzustacheln. Sie sind der kosmische Stromleiter, der uns für unsere Umwelt interessieren soll, indem Sie unsere Neugier auf die kollektive Nachbarschaft wachrufen. Hierzu müssen Sie nichts weiter tun, als unsere fehlgeleitete Aufmerksamkeit auf das zu richten, womit Sie sich gerade beschäftigen, und das kann niemand besser als Sie. Wie Sie das hinbekommen, weiß allerdings niemand, denn Ihr Zwillinge-Abschluss sagt aus, dass Sie den einzigen Kurs des Kosmos zum Entdecken und Austauschen von Ideen, Informationen, Menschen und Sprachen glänzend bestanden haben.

Ihre Fähigkeit zur Beobachtung sorgt dafür, dass Sie sich ständig Ihrer Umgebung bewusst sind und sich unglaublich geschickt an die unsere anpassen können. Das Universum hat Sie darin ausgebildet, alles in Windeseile zu verarbeiten, was Ihnen über den Weg läuft oder – falls das zu langweilig wird – Ihnen durch den Kopf geht, und das Produkt Ihrer Geistesarbeit im Handumdrehen zu liefern. Zu unserem Erstaunen gibt es nichts, was Ihnen jemals entgeht. Für Sie selbst ist es merkwürdig, dass keine Ihrer Geisteskapriolen Sie jemals zufriedenstellt, aber das liegt nur daran, dass Sie uns nicht stimulieren können, wenn die Welt Ihnen kein interessantes Material liefert. Ja, Sie sind dazu verurteilt, unablässig von einem aufregenden Einfall und von einem provozierenden Menschen zum nächsten zu springen, einfach weil es in Ihrer karmischen Verantwortung liegt, uns auf der intellektuellen Ebene herauszufordern und zuverlässig mit Ihrem faszinierenden Feedback auf der Basis Ihrer anregenden Erfahrungen zu versorgen.

Das bringt uns zu Ihrer Besessenheit von Vielfalt und Ihrem nie enden wollenden Kampf gegen die Langeweile – die kosmische Doppelhürde, die verhindert, dass Sie so interessant sind, wie Sie es sein könnten, und so kenntnisreich, wie Sie es sein sollten, weil sie Sie dazu verleitet, unablässig die oberflächliche äußere Schicht von Menschen und Begebenheiten abzuschöpfen. Zwar attestiert Ihnen Ihr Zwillinge-Abschluss, dass niemand besser als Sie ausgerüstet ist, um ein brillanter Kommunikator zu sein, aber er schreibt Ihnen auch vor, mit Ihrer Rolle verantwortungsbewusst umzugehen, um nicht den Verlust Ihrer Glaubwürdigkeit zu riskieren. Offenbar erlangen und bewahren Sie Ihren Platz in unserer Mitte, indem Sie uns zuverlässig mit Informationen versorgen. Dazu müssen Sie nicht nur geschickt an der schwer zu durchdringenden Oberfläche kratzen, sondern Sie müssen auch die schwierigen Antworten finden – und zwar unter Einsatz Ihrer äußersten Umsicht und ohne das sorglose Anzapfen fragwürdiger Quellen oder das Überstrapazieren unserer Geduld. Sie sehen also, dass das Universum in diesem Leben gemäß Ihrer karmischen Qualifikation viel mehr von Ihnen verlangt als nur Vielfalt und Schnelligkeit.

Kein Wunder also, dass Sie in Ihren guten Stunden redegewandt, klug, informativ und humorvoll sein können, denn Sie verfügen über den astrologischen Vorteil eines außerordentlich beweglichen Verstandes und einer hochentwickelten Lernkapazität. Weil sich Ihre Begabung als die beeindruckende Fähigkeit manifestiert, sofort gute Einfälle parat zu haben, und es Ihnen außerdem gelingt, mit erstaunlicher Leichtigkeit Kaninchen nicht nur aus dem Hut Ihres elften Hauses, sondern auch aus denen anderer Positionen zu ziehen, wird sie häufig mit Budenzauber verwechselt. Ja, Ihr anpassungsfähiger Intellekt ist die wahre Ursache dafür, dass Ihre Persönlichkeit zwei klar voneinander zu unterscheidende und oft gegensätzliche Seiten hat. In einem früheren Leben haben Sie gelernt, dass Sie in Ihrem Umfeld wirkungsvoller sind, wenn Sie in

Ihrem Denken größere Vielseitigkeit an den Tag legen. Deshalb haben Sie in Ihrem gegenwärtigen Leben schon früh herausgefunden, dass Sie eine Ihnen feindlich gesinnte Umgebung sehr viel freundlicher stimmen können, indem Sie den Teil Ihrer Persönlichkeit verbergen, dem die erhaltene Anerkennung und Aufmerksamkeit nicht ausreicht. Folgerichtig wurde Ihr Alter Ego geboren. Ja, Sie besitzen tatsächlich ein Zwillings-Ich, womit sich erklären lässt, warum Sie an den meisten Tagen von einer übermenschlichen Schläue und Geschicklichkeit beseelt sind und warum Sie an den anderen Tagen über ein solches Übermaß an Neugier, Ungeduld und Widersprüchlichkeit verfügen, dass es selbst einer multiplen Persönlichkeit alle Ehre machen würde. Über diese Theorie denken wir nach, wenn Sie sich daranmachen, aufs Geratewohl fehlerhafte Schlüsse zu ziehen oder spontan die entscheidenden Fakten unter den Tisch fallen zu lassen und mit ihnen gleich auch noch die bezeichnenden Konsequenzen zu verwerfen. An diesen schlechten Tagen zeigen Ihre unreflektierten Kommentare und Ihre kindische Unzufriedenheit, wie aufdringlich, irreführend und oberflächlich Sie tatsächlich sein können.

Das ist nicht überraschend. Mit einem Zwillinge-Abschluss in der Tasche müssen Sie auf die eine oder andere Weise unsere Aufmerksamkeit gewinnen, denn Sie sollen ja unser Denken stimulieren. Sie sind entschlossen, uns in das Netz der in Ihrem Kopf vorhandenen Gemeinschaft einzufügen, weil Sie sich die Entwicklung unseres Bewusstseins vorgenommen haben. Offenbar hat das Universum Sie mit ausreichender Flexibilität im Denken und Handeln ausgestattet, damit wir uns von Ihnen und Ihrem Zwilling eine ganze Zeitlang gut unterhalten fühlen. Als kommunikatives Bindeglied in unserem planetaren Netzwerk verfügen Sie sowohl über die Macht, unseren Geist zu öffnen, wie auch über das Potenzial, unsere Augen zu verschließen. Das bedeutet, dass Sie Menschen durch aufregende Informationen zueinander in Beziehung setzen oder sie durch Lügen und falsche Annahmen voneinander entfernen können. Ihre Schwierigkeiten scheinen nur dann aufzutreten, wenn Sie und Ihr Zwilling den Unterschied zwischen beidem nicht erkennen.

Ihre kosmische Titelmelodie: »Keep the Customer Satisfied« von Simon & Garfunkel.

Die Sonne im Zeichen Krebs
☉ *in* ♋

Karmischer Schulabschluss: emotionale Sicherheit und häusliche Stabilität.
Herrscher des Zeichens Krebs: der Mond, der himmlische Bewahrer menschlicher Emotionen.

Da sich die Sonne zum Zeitpunkt Ihrer Geburt im Zeichen Krebs aufhielt, erfolgte die vorangegangene Entwicklung Ihrer Seele im Klassenzimmer der häuslichen Sicherheit, auf dem Weg der emotionalen Fürsorge. Das bedeutet, Sie sind hier, um Ihren Mitmenschen zu zeigen, wie man emotionale Rückzugsorte wie Heim, Familie, Mütterlichkeit und Familiengeschichte schätzen und erhalten lernt. Das Universum schreibt Ihnen vor, alles, was Sie fühlen, zu verinnerlichen und das Empfundene nach außen zu spiegeln, denn Sie sind darin ausgebildet, auf die primären Bedürfnisse der Welt in Ihrem Umfeld anzusprechen. Deshalb reagieren Sie so hochgradig sensibel selbst auf die subtilsten Gefühlsbezeugungen Ihrer Mitmenschen und kommen sogar mit für uns völlig undurchschaubaren Zeitgenossen zurecht. Ihre Aufgabe ist es, uns den emotionalen Spiegel vorzuhalten. Das erklärt vieles, nicht wahr? Ja, Ihren Schulabschluss haben Sie erworben, indem Sie lernten, wie man jene Gefühle von Getragenwerden, Zugehörigkeit, Beschütztsein und Nähe instinktiv erzeugt und dann geschickt aufrechterhält, denn sie sind nicht nur entscheidend für häusliche Stabilität, sondern für das emotionale Überleben.

Die gute Nachricht lautet, dass Ihr Instinkt ebenso bemerkenswert wie zuverlässig funktioniert. Ja, er veranlasst Sie, alles zu sammeln und nichts zu verwerfen, weil es Ihre vom Universum gestellte Aufgabe ist, jederzeit genug von all dem bereitzuhalten, was andere veranlasst, sich geborgen und unterstützt zu fühlen. Sie haben einen astrologischen Abschluss, der Ihre Fähigkeit, Liebe, Geld und Essen als persönliche Seelentröster einzusetzen, nicht nur billigt, sondern es Ihnen darüber hinaus auch noch gestattet, sie zu horten. Das hört sich an, als seien Sie in die kosmische Vorratskammer gestolpert. Doch die Sache hat natürlich einen Haken. Zwar bestätigt Ihr Krebs-Abschluss, dass Sie ein strahlendes Beispiel für mitfühlende Fürsorge sind und dass Sie vor allem anderen Ihren Mitmenschen das richtige Gefühl von Zugehörigkeit geben können, aber in diesem Leben müssen Sie es tun, ohne emotionale Grenzen zu ignorieren. Ja, genau, das ist die schlechte Nachricht. Der Kosmos erwartet von Ihnen, dass Sie für andere sorgen und ihnen helfen, ohne sich selbst in dem Prozess zu verausgaben oder, was noch schlimmer wäre, Ihre Mitmenschen dabei zu erdrücken.

Das klingt entmutigend, ist aber noch nicht alles. Auch wenn Ihre bemerkenswerte Fähigkeit, vertraute Gewohnheiten und die nostalgische Vergangenheit zu bewahren, zwei Ihrer wohlverdienten Krebs-Auszeichnungen sind, so ist es Ihnen doch nicht gestattet, sie als Hintertürchen zu verwenden, um sich zwanghaft an nutzlosen Angelegenheiten, alten Feindseligkeiten oder überkommenen Verhaltensweisen festzuhalten. Bevor Sie uns mit der benötigten emotionalen Nahrung versorgen können, müssen Sie uns zunächst einmal zeigen, nein, als unser Vorbild vormachen, wie man Überflüssiges aussortiert. Tja, da beißt die Maus keinen Faden ab.

An Ihren guten Tagen sind Sie mitfühlend, einfallsreich, fleißig und loyal. Sie vertrauen Ihrem Instinkt und entwickeln große Hartnäckigkeit darin, Ihr Ziel zu erreichen. Obwohl Sie eine Begabung dafür haben, Nebenwege zu finden, Ihrem Bauchgefühl vertrauen können und Ihren Kopf geschickt aus der Schusslinie halten, werden Ihre Ambitionen überraschend oft unterschätzt, selbst von den Menschen, die mit Ihnen vertraut sind. Das ist erstaunlich, denn Sie sind schließlich der selbsternannte Beschützer, der immer auch die schwierigsten Ziele erreichen kann, weil Sie die Menschen und Projekte, die Ihnen am Herzen liegen, in aufrichtige Anteilnahme und in außergewöhnliche Fürsorge hüllen. In Ihrem Eifer, immer und jederzeit das zu liefern, was Ihrer Meinung nach gerade benötigt wird, ersticken Sie Ihre Opfer mit Zuwendung und sind zuweilen unerträglich besitzergreifend.

Tatsächlich gibt es niemanden, der Angelegenheiten, Beziehungen und Gefühle, die längst schon das Verfallsdatum der Nützlichkeit überschritten und mit denen wir die Geduld verloren haben, besser am Leben erhalten kann. An Tagen, die unter diesem Schatten stehen, erweisen Sie sich entweder als fordernd, bedürftig, ängstlich oder erdrückend und manchmal sogar alles zugleich. Wenn Sie sich derart freiwillig zum Gefangenen Ihrer auf sich selbst bezogenen Gefühle machen, werden Sie wankelmütig. Wir müssen ungläubig zusehen, wie Sie zwischen Zwanghaftigkeit und Überspanntheit hin und her schwanken und von den unzähligen, wenn nicht eingebildeten, Kränkungen, Zurückweisungen und Beleidigungen berichten, die Sie aus völlig undenkbaren Gründen erdulden mussten. Was kann man in solchen Momenten schon anderes tun, als in Selbstmitleid zu baden und unübersehbar unglücklich zu sein? Nicht viel.

Schließlich macht jemand, der einen Krebs-Abschluss in der Tasche hat, immer irgendwie etwas, um einem anderen zu helfen. Das ist Ihre Aufgabe in diesem Leben, Ihr Hauptfach. Und deshalb werden Sie immer das bei der Hand haben, von dem Sie instinktiv spüren, dass es erforderlich ist, um irgendjemanden zu unterstützen, zu beschützen oder um sein Wohlergehen zu gewährleisten. Anders als wir verfügen Sie zugleich über eine überragende Fähigkeit zur Nähe und über das bemerkenswerte Talent zur Konservierung. Obwohl wir immer wieder in Erstaunen versetzt werden von Ihrer Fähigkeit, auf andere in einer Weise einzugehen, die an Hellseherei grenzt, so sind wir sogar noch mehr davon beeindruckt und vielleicht auch ein wenig neidisch, dass Sie sich dabei so über die Maßen wohl fühlen. Dabei scheint dieses Wohlgefühl der Situation keineswegs angemessen, denn Sie sind von derartiger instinktiver Empathie und von so tiefen Einsichten erfüllt, dass es Ihnen praktisch nie gelingt, jemanden zu ignorieren, der Hilfe, Aufmerksamkeit oder Verständnis braucht. Zwar sind Sie genau zu diesem Zwecke ausgebildet, doch werden Sie niemals Ihr persönliches Maximum erreichen, wenn Sie nicht zuerst an Ihrem eigenen alles bezwingenden Herzeleid vorbeikommen.

Ihre kosmische Titelmelodie: »Shame On the Moon« von Bob Seger.

Die Sonne im Zeichen Löwe
⊙ in ♌

Karmischer Schulabschluss: persönliche Vortrefflichkeit und kreative Strahlkraft.
Herrscher des Zeichens Löwe: die Sonne als himmlischer Hüter des menschlichen Egos.

Da Ihr Leben begann, als die Sonne das Tierkreiszeichen Löwe durchwanderte, erfolgte die vorangegangene Entwicklung Ihrer Seele einhergehend mit Ihrer persönlichen Auszeichnung durch den Ausdruck Ihres kreativen Selbst. Das bedeutet, dass Sie in diesem Leben angekommen sind, um uns zu zeigen, wie man temperamentvolle Vitalität, mutige Führerschaft und kreative Strahlkraft – allesamt grundlegende innere Kräfte – geschickt hervorbringen und ehrenhaft verherrlichen kann. Offenbar können Sie gar nicht anders, als die Massen und die Welt zu beleben. Sie sind ein mächtiger Lebensspender, der hier ist, um uns genau mit der Energie zu versorgen, die wir so dringend brauchen, um Selbstvertrauen zu entwickeln. Ihren Löwe-Abschluss haben Sie genau deshalb erhalten, weil Sie gelernt haben, Leben, Macht, Liebe und Begabung meisterhaft auszustrahlen und selbstsicher zu würdigen. Nein, Ihnen fällt es nicht schwer, mitten auf der Bühne zu stehen, die kleinen Leute zu beeindrucken und den Applaus zu genießen. Wie die Sonne haben auch Sie die Ihnen vom Universum gestellte Aufgabe, das Leben auf diesem Planeten durch Ihre Strahlkraft zu fördern, indem Sie alle Welt mit Ihrer erstaunlichen Fähigkeit blenden. Zwar können wir uns das nur kaum vorstellen, doch Ihre Entschlossenheit, der Mittelpunkt des Universums zu sein, ist mehr als eine egoistische Grille – es ist Ihre karmische Verantwortung. Ihre Hingabe an diese Aufgabe kennt keine Grenzen und keine Bedingungen. Ihr Ego jedoch kennt sie leider sehr wohl, und daher ist es wohl am besten für die Zeitgenossen, Ihre Überlegenheit anzuerkennen und Ihre Darbietung zu würdigen ...

Diesen Preis zu bezahlen, fällt uns nicht schwer, da wir unser Leben damit zubringen dürfen, Sie in Ihrer Pracht zu umkreisen und an Ihrem Selbstvertrauen, Charisma und Mut zu partizipieren. Wie Sie sicherlich zustimmen werden, Ihr spirituelles Programm könnte kaum erlesener sein. Jedoch beharrt das Universum leider darauf, dass auch Sie kosmische Kriterien erfüllen müssen. Ihr Problem ist, dass Privilegien immer auch mit Verantwortung einhergehen. Zwar bezeugt Ihr Abschluss, dass Sie ein strahlendes Vorbild im Ausleben der mächtigen Lebenskraft sind. Aber er verlangt auch von Ihnen, dass Sie uns auf ehrenhafte Weise darin fördern, den Zugang zu unseren eigenen kreativen Energien zu finden, und uns nicht etwa dafür gewinnen, uns allein auf die Ihren zu verlassen. Der Kosmos verlangt von Ihnen, dass Sie Ihre Begabung, Autorität und Ihre Führerpersönlichkeit dazu einsetzen, Ihre Mitmenschen in die Selbständigkeit zu führen und nicht etwa in die Versklavung. Möglicherweise bedarf es einer Intervention der einen oder anderen Art, damit Sie sich an Ihre Aufgabe erinnern. Zwar ist es Ihr Geburtsrecht, jeden Tag beim Aufwachen in die Augen eines bewundernden Publikums zu blicken. Doch Sie haben sich vielleicht so abhängig von dieser Bewunderung gemacht, dass Sie nun meinen, ohne sie nicht leben zu können.

Wenn Sie einen guten Tag haben, dann sind Sie stark, großzügig, liebevoll und treu. Ihre Leidenschaft für Dramen und Ihr Machthunger sorgen dafür, dass Sie im Rampenlicht und der heldenhafte Anführer bleiben. Wir können uns auf Sie verlassen, denn Sie tun immer alles, um an verantwortungsvolle Führungspositionen heranzukommen und um dann das Vertrauen zu rechtfertigen, das in Sie gesetzt wurde. Sobald wir einen ersten Eindruck von Ihrer unglaublichen Entschlossenheit, von Ihrer herzlichen Loyalität und Ihrem unerschütterlichen Pflichtgefühl bekommen, wundern wir uns auch nicht mehr darüber, dass Sie den Kurs selbst dann noch halten, wenn alle anderen die Geduld verloren und ihr Durchhaltevermögen eingebüßt haben. Ja, zu unserem großen Erstaunen: Sie sind wirklich einzigartig. Sie finden es nur merkwürdig, dass wir so lange gebraucht haben, das zu bemerken. Dies liegt daran, dass wir zwar Ihre Fixierung auf Ihre Aufgabe bewundern, nicht jedoch Ihren dominierenden Willen und Ihr überdimensionales Ego, die Sie für uns zur Schau stellen. Diese beiden sind es, die Sie dazu zwingen, Ihre unglaubliche Willenskraft aufzubieten als Widerstand gegen jedwede Veränderung, die ihren Ursprung nicht bei Ihnen hat, und hindern Sie außerdem daran, sich und anderen die vielen Fehler einzugestehen, die Sie gemacht haben. Diesen Ihren dickköpfigen Stolz erleben Sie als Ihre astrologische Achillesferse, die Sie schließlich zu Fall bringt, da er Sie zwingt, an all den schlechten Beziehungen, versponnenen Ideen und natürlich an Ihrer mangelnden Flexibilität festzuhalten. Wenn Sie in dieses Fahrwasser geraten, dann werfen Sie alle selbstlosen Absichten über Bord und verwandeln sich auf kürzestem Weg in den größten Diktator, Tyrannen oder Angeber. Und so werden Sie an schlechten Tagen zu einem arroganten, anstrengenden, unverschämten und selbstsüchtigen Egoisten.

Was hätte man bei einem Löwe-Abschluss anderes erwarten können? Als die grenzenlose Lebenskraft wurden Sie vom Universum ausgebildet, um unserer dunklen und langweiligen Welt Ihren Stempel aufzudrücken. Man kann Sie nicht ignorieren. Sie sind die geborene Führernatur, weil Sie gelernt haben, an Ihre eigene Macht zu glauben. Ja, aus der Perspektive des Normalsterblichen scheint es so, als seien Sie mit allem Erforderlichen ausgestattet, um ein allmächtiger Herrscher zu sein – auch mit der Überzeugung, dass Sie dieses Ziel schließlich erreichen. Das ist es doch, was offensichtlich Ihre Oberherrschaft bestätigt und Ihnen Ihre Großartigkeit bescheinigt. Ihre einzige Herausforderung besteht darin, zu zeigen, dass Sie sich Respekt ebenso wie Applaus verdienen können, indem Sie Ihren mächtigen Einfluss und Ihre kreative Strahlkraft sinnvoll einsetzen: um das Leben Ihrer Mitmenschen produktiver und bedeutsamer zu machen und nicht nur, um Ihren eigenen Machtzuwachs zu sichern – und um die Bedürfnisse der »kleinen Leute« zu erfüllen, nicht nur die Ihres Egos. Ihre selbstbewusste Autorität darf und soll weit ausstrahlen, aber nur, damit Sie, der Aufgabenstellung des Universums gemäß, die unsere damit inspirieren.

Ihre kosmische Titelmelodie: »Here Comes the Sun« von den
   Beatles.

Die Sonne im Zeichen Jungfrau
☉ in ♍

Karmischer Schulabschluss: physische Perfektion und Dienstfertigkeit.

Herrscher des Zeichens Jungfrau: Merkur, der Planet des Geistes und des Intellekts.

Da Sie das Licht der Welt erblickten, als die Sonne sich durch das Jungfrau-Zeichen bewegte, hat sich Ihre Seele zuvor auf dem Weg der intellektuellen Verbesserung entwickelt, geschult in physischer Vollkommenheit. Sie sind also in Ihrem gegenwärtigen Leben angelangt, um uns zu zeigen, wie man in der Praxis durch tägliches Tätigsein, Routineaktivitäten und körperliche Fitness für die Mitmenschen von Nutzen sein kann.

Diese spirituelle Aufgabenstellung mag sich für alle anderen anhören wie ein Spaziergang in einem astrologischen Park, doch für Sie als Besitzer eines Jungfrau-Abschlusses und damit eines Diploms in karitativer Besserwisserei führt dieser Weg jedenfalls nicht zu größerer Beliebtheit. So schwer es uns auch fällt, Sie mit diesen Eigenschaften zu ertragen, Ihnen ist es unmöglich, Ihrem Schicksal zu entgehen, da Sie doch karmisch ausersehen sind, die Welt mit Ihrem kritischen Blick für Details zu überwachen oder, wie es uns erscheint, auf enervierende Weise alles zu bemängeln und zu korrigieren, was in Ihr Sichtfeld gerät. Sie können nichts dafür. Schließlich verdanken Sie Ihr Diplom der Tatsache, dass Sie die Analyse und Korrektur von Daten, Programmen, Verfahrensweisen und Menschen glanzvoll gemeistert haben. Sie wurden also geboren und ausgebildet, um für die Lösung unserer unlösbaren

Probleme schwierige Fragen zu stellen, technische Antworten zu finden und fehlende Fakten zu liefern. Sie wissen schon, diese unschönen Fehler und diese offensichtlichen Patzer, die alle anderen außer Ihnen sorglos übersehen oder ignorieren. Eine entmutigende Aufgabe, wie sie im Buche steht, insbesondere wenn Sie ans Werk gehen und wir uns zu unserem Unglück unter Ihrem Mikroskop befinden.

Wenn es nach Ihnen geht, dann gibt es kein einfaches Problem und keinen bedeutungslosen Fehler. Wir hingegen finden, dass Sie die Angelegenheiten komplizierter machen, wann immer Sie auf der Bildfläche erscheinen. Für Ihr Verhalten gibt es durchaus einen Grund, doch ist er wahrscheinlich eins der wohlgehüteten Geheimnisse des Universums. Sie sind ein Idealist. Sie glauben aufrichtig daran, dass wahre Vollkommenheit – wie etwa in der Gestalt des Mount Everest – nicht nur existiert, sondern auch von Menschen erschaffen werden kann ... Ja, Sie sind entschlossen, Ihre Theorie zu beweisen, und wenn Sie daran zugrunde gehen! An dieser Stelle geht es mit Ihnen bergab, denn der Kosmos verlangt von Ihnen, Ihre hehren Ziele zu erreichen, indem Sie zeigen, dass Vorzüglichkeit ebenso wie Schönheit nur dann realisierbar sind, wenn sie als inspirierendes Vorbild dienen, und keineswegs, wenn sie zu einer unerreichbaren Norm überhöht werden. Ihr Jungfrau-Abschluss bescheinigt Ihnen zwar, dass Sie kritisches Denken und das Auffinden von praktischen Lösungen vorbildlich beherrschen, er macht es Ihnen aber auch zur Auflage, dass Sie nach Perfektion streben müssen, ohne sich von den unvermeidlichen Mängeln der Wirklichkeit überwältigen zu lassen. Und damit sind wir bei Ihrem ureigensten kosmischen Rätsel angelangt: Die angestrebte Vollkommenheit können Sie erst dann erreichen, wenn Sie die unerträgliche Tatsache akzeptieren, dass es für manche Probleme eben keine Lösung gibt!

An Ihren strahlenden Tagen sind Sie kompetent, hilfsbereit, gewissenhaft und effektiv. Mit Ihrem hochentwickelten Sinn für Korrektheit und Ihrem unglaublichen Talent für Effektivität machen Sie Eindruck. Gleiches gilt für Ihre Fähigkeit zu hartem Arbeiten wie auch für Ihre ausgeprägte Anpassungsfähigkeit. Am wichtigsten ist jedoch, dass Sie sich nützlich machen und eine echte Arbeitsbiene sind, die geduldig all die endlosen Details, öden Verantwortlichkeiten und banalen Aufgaben erträgt, nur um das höchste Maß an Vortrefflichkeit zu erreichen.

Außerdem vergeuden Sie ein Übermaß Ihrer Zeit damit, geduldig entweder auf ein vollkommenes Projekt, die ideale Beschäftigung oder den perfekten Partner zu warten. Damit ist viel über Ihre Einstellung zur Wirklichkeit gesagt. Ja, wann immer Ihr Idealismus mit Ihnen durchzugehen droht, kann sich Ihr angestrebter ungesunder Perfektionismus auf Sie wie auf andere gleichermaßen destruktiv auswirken. Denn je weiter Sie sich in den Details verlieren, desto mehr wächst Ihre Unzufriedenheit. Dann treiben Sie Ihren überarbeiteten Motor noch mehr an und baden in Selbstmitleid, während wir zusehen müssen, wie Sie sich in den Details vergraben und, unterminiert von Ihren eigenen strengen Vorgaben und Abläufen, unter gewaltigen Rückschlägen in die Knie gehen. Ihr nicht hinnehmbarer Versuch, die vollständige Perfektion zu erreichen, wird dann umgedeutet in eine annehmbare Begründung dafür, überhaupt nichts mehr zu tun. An diesem Punkt schwindet Ihre Produktivität, Sie empfinden das Leben nur noch als frustrierend, und Ihre schlimmsten Ängste bewahrheiten sich, nämlich dass Fehler und Versagen sich endlos miteinander multiplizieren und dass die Unvollkommenheit die Herrschaft übernimmt. Zu solchen dunklen Zeiten sind Sie überkritisch, zwanghaft und pessimistisch und treiben uns zur Verzweiflung mit Ihrem übertriebenen Pflichtgefühl und Ihrem endlosen Kampf, uns klarzumachen, wer, was und wo das Problem ist. Ihr Jungfrau-Schulabschluss macht Ihnen dieses Verhalten zur Pflicht.

Sie sind der unablässigen Suche nach Vollkommenheit verpflichtet, weil Sie ein Meister der Dienstfertigkeit und ein Entstörer mit scharfem und kritischem Verstand sind, beneidet von allen und von niemandem erreicht. Zwar ist Ihr kritisches Urteilsvermögen bemerkenswert, doch dürfen Sie nicht vergessen, dass es sich nur dann entfalten kann, wenn Mitgefühl und Respekt verantwortungsbewusst auf all die Menschen, Dinge und Situationen angewendet werden, die das Pech haben, sich im Fadenkreuz Ihres kosmischen Vergrößerungsglases wiederzufinden. Schließlich sind Sie eigens darin ausgebildet, alles nur Erdenkliche zu korrigieren, zum Laufen zu bringen und zu verbessern. Und deshalb hat das Universum Ihnen die Aufgabe übertragen, uns zu vermitteln, wie wir nach Ihrem Ideal streben können, ohne dabei unsere Wirklichkeit aus dem Blick zu verlieren. Das ist eine undankbare Aufgabe, aber wer hat je behauptet, es sei leicht, die Mängel der Menschheit zu beheben? Außerdem können wir, anders als Sie, sie nicht einmal sehen; aber wir wissen ja auch nicht, wo wir nach ihnen suchen müssen. All diese Zusammenhänge verleihen dem Wort »Besserwisserei« eine neue Bedeutung, nicht wahr?

Ihre kosmische Titelmelodie: »Nobody Does It Better« von
Carly Simon.

Die Sonne im Zeichen Waage
☉ in ♎

Karmischer Schulabschluss: Kooperation, Engagement und Partnerschaft.

Herrscher des Zeichens Waage: Venus, Planet der Liebe, Schönheit und des Vergnügens.

Ihre Geburt fällt in die Zeit, da die Sonne sich durch das Zeichen Waage bewegt. Folglich war die Ausbildung Ihrer Seele in ihrer vorangegangenen Entwicklung der intellektuellen Zusammenarbeit gewidmet, die sie anhand der Lektionen von Ehe und Partnerschaft erlernte. Das heißt, Sie befinden sich in Ihrem gegenwärtigen Leben, um uns darin zu unterweisen, wie man gegenseitige Verpflichtung, bedeutsame Bindung und soziale Zusammenarbeit anzieht und erwidert. Sie können also gar nicht anders, als Ihre Kräfte nach außen zu richten, denn Sie sind auserwählt, unsere Welt zu verbessern, indem Sie das persönliche Engagement für die Paarbeziehung aufwerten. So erklärt sich, warum Sie sich immer aufgefordert fühlen, Ihre Aufmerksamkeit ganz und gar auf die Wünsche und Bedürfnisse des Menschen zu richten, der sich gerade an Ihrer Seite befindet. Sich auf andere zu beziehen ist das, was Sie am besten können. Weil aber die vom Ego getriebenen Kräfte der Sonne diese auf das Miteinander ausgerichtete Konstellation schwächen, kann sich diese positive Eigenschaft in eine Besessenheit vom Leben anderer verwandeln, was dann dazu führt, dass sich Ihre Mitmenschen in ihrer Individualität unablässig durch Sie kompromittiert fühlen. Deshalb auch wird Ihre gesamte irdische Existenz kontrolliert von Ihrem ausgeprägten ererbten Gerechtigkeitsempfinden und von Ihrem tiefen Bedürfnis nach Symmetrie, das zu entwickeln Sie gezwungen waren.

Die Wahrheit ist: Sie eignen sich nicht als Einzelgänger. Erstaunlicherweise macht Ihnen diese Tatsache kaum zu schaffen. Und dafür gibt es einen guten Grund: Sie haben Ihren Waage-Abschluss erworben, weil Sie gelernt haben, wie man Liebe, Schönheit, Harmonie und Gleichheit hervorrufen und sich in der Gemeinschaft daran erfreuen kann. Das sind ganz offensichtlich keine Einzelgängeraktivitäten und ein Beweis dafür, dass Sie hier sind, um etwas zu personifizieren, was weit vollständiger und erheblich weniger mit Einsamkeit verbunden ist als die Gefangenschaft in einer überbewerteten Individualität. Sie sind hier, um Partner zu sein, und Sie wissen das. Ja, es ist kein himmlisches Geheimnis, dass Sie sich gelegentlich derartig in Ihrer Entschlossenheit verbeißen, Partnerschaften zu suchen, dass man sie fast als »exzessiv beziehungssüchtig« bezeichnen könnte. Das ist kein Wunder, denn schließlich sind Sie vom Universum in der schönen Kunst eines tiefergehenden Miteinanders geschult. Allerdings sorgt diese Ausbildung auch dafür, dass Sie geradezu süchtig nach Kompromissen zum beiderseitigen Vorteil und leider auch besonders leicht durch sie verletzbar sind.

Womit wir bei Ihrem ganz persönlichen kosmischen Zwiespalt angelangt sind, denn der Waage-Abschluss qualifiziert Sie zwar, Uneinigkeit zu heilen, Konflikte zu neutralisieren und Harmonie für alle zu schaffen. Doch damit ist die Auflage verbunden, dass Sie im Laufe des Prozesses nicht Ihre Identität einbüßen dürfen. Dies bedeutet, dass es zwar Ihre Aufgabe ist, unser Leben harmonischer und die Welt schöner zu machen, aber Selbstverleugnung, Selbstaufgabe und Frieden um jeden Preis sind keine akzeptablen Mittel, um dieses Ziel zu erreichen. Natürlich müssen gegensätzliche Kräfte miteinander versöhnt und diese wunderbaren zwischenmenschlichen Bindungen etabliert werden. Das Universum erwartet aber von Ihnen, dass Sie Harmonie erzeugen, indem Sie in diesem Leben Gleichgewicht schaffen. Sie sollen nicht die Entscheidungsgewalt über sich aus der Hand geben in dem Glauben, sich damit zu einem Vorbild wahrer Kooperation zu machen. Zusammenarbeit bedeutet nach den Gesetzen des Universums, dass Individuen das gleiche Ziel haben, die gleiche Macht ausüben und danach streben, die Bedürfnisse des anderen zu erfüllen, ohne ihre eigenen zu vernachlässigen. Das zu erreichen ist menschenmöglich, es handelt sich keineswegs um einen »kosmischen Witz«.

Es überrascht uns nicht, dass Sie sich an Ihren guten Tagen charmant, sympathisch, sachlich und liebenswürdig geben. Vor allem haben Sie eine ausgeprägte soziale Ader und sind äußerst effizient in Ihrem Bemühen, zu verhandeln, zu vermitteln, zu beraten und sich auszudrücken. Sie sind entgegenkommend wie niemand sonst, und es beeindruckt uns jedes Mal wieder aufs Neue, wie es Ihnen scheinbar mühelos gelingt, so viele verschiedene Egos zu einem gutfunktionierenden Team zusammenzubringen. Leider veranlasst Sie Ihre Fixierung auf die kooperative Arbeit manchmal in geradezu gefährlicher Weise, Ihre persönlichen Ansichten über den Haufen zu werfen oder instinktiv Ihre eigenen Bedürfnisse zu unterdrücken, nur weil Sie die Anerkennung brauchen, den Schein wahren müssen oder wenigstens einen vorübergehenden Waffenstillstand erreichen wollen. Wenn es nach Ihnen geht, dann muss jede Handlung eine Gegenhandlung oder eine entsprechende Reaktion nach sich ziehen, jedenfalls ist das Ihre Idealvorstellung. Sie sind darauf programmiert, an diesen Grundsatz zu glauben und ihn umzusetzen. Daher ist es nicht überraschend, dass diese bemerkenswerte Fähigkeit, immer die beiden Seiten einer Medaille sehen zu können, ebenso nützlich wie problematisch sein kann. Sie verleiht Ihnen einen wichtigen Vorteil und erweist sich als äußerst hilfreich, etwa während entscheidender Schachspiele oder bei taktischen Manövern, doch sie ist zugleich auch verantwortlich für Ihre zuweilen schwererträgliche Wankelmütigkeit, Ihre provozierenden widersprüchlichen Signale und Ihre für alle ärgerlichen Meinungswechsel. Das sind die dunklen und manipulativen, manchmal oberflächlichen, jedoch immer abstoßenden Energien der Waage.

Mit Ihrem Waage-Abschluss sind Sie der Botschafter des Universums für schöne Beziehungen und einen lohnenswerten Umgang miteinander. Sie werden immer alles daransetzen, um eine Situation zu beherrschen. Denn Sie wurden geboren, um die Qualität unseres Lebens zu fördern, indem Sie Harmonie in unsere Beziehungen bringen. Offensichtlich und aus gutem Grund hat das Universum Sie ausgewählt, unsere Welt mit schöner Symmetrie zu erfüllen. Wer sonst schließlich hat gelernt, den Geist des Gesetzes ebenso zu schätzen wie seine mehr wörtliche Interpretation? Wer sonst begreift schon, dass eine Allianz, bevor sie lohnend sein kann, zunächst gerecht sein muss? Ohne Zweifel sind Sie derjenige, der uns zeigen wird, dass eine wertvolle Beziehung nur dann erreicht werden kann, wenn zuvor die Egos und die Bedürfnisse zweier Individuen ins Gleichgewicht gebracht werden, vor allem deshalb, weil Sie wissen, dass zwei vollständige Hälften einer Sache da sein müssen, damit daraus ein vollständiges Ganzes entstehen kann. Ironischerweise besteht Ihre einzige Herausforderung darin, sich zu erinnern, dass Sie eine dieser vollständigen Hälfen sind ...

Ihre kosmische Titelmelodie: »Stand By Me« von Ben E. King.

Die Sonne im Zeichen Skorpion
☉ in ♏

Karmischer Schulabschluss: starke Sehnsüchte, geteilte Ressourcen und Macht.

Herrscher des Zeichens Skorpion: Pluto, der Planet der Macht und der Kontrolle.

Da Sie geboren wurden, als die Sonne das Zeichen Skorpion durchwanderte, vollzog sich die frühere Entwicklung Ihrer Seele auf dem Weg der emotionalen Transformation durch die Lektionen intensiver Erfahrungen. Mit anderen Worten, Sie sind jetzt auf der Welt, um uns zu zeigen, wie man die emotionalen Tiefen großer Nähe, unbekannter Kräfte und Angelegenheiten von Leben und Tod durchdringt und meistert. Es ist offensichtlich, dass dieses Programm für Zaghafte ungeeignet ist, da es sich nicht vermeiden lässt, den gewaltigen Kräften der Natur persönlich und direkt gegenüberzutreten. Sie jedoch sind eigens dazu ausgebildet, sich dieser Herausforderung zu stellen.

Ja, Sie haben den Skorpion-Abschluss erhalten, weil es Ihnen gelungen ist, mit Geschick Zugang zu finden zu den komplexen Energien der Macht, Kontrolle, Leidenschaft und des Unbekannten und auf sie Einfluss zu nehmen. Kein Wunder, dass Sie geboren wurden, um freizulegen, was sich unter der unheilverkündenden Oberfläche befindet, um die Kräfte tiefempfundener Sehnsüchte zu entfesseln und um auf der kosmischen Ebene mit dem Chaos und mit Katastrophen zu kollidieren. Sie sind es, der geschickt das erneuern muss, was im Leben dienlich ist, und das auszulöschen hat, was keinen Zweck erfüllt. Nein, Gott sind Sie nicht, aber würden Sie sich noch ein bisschen mehr um Ihre Fähigkeit zu vergeben bemühen, dann könnten Sie es vielleicht bis zu seinem Stellvertreter bringen, und Sie wissen das. Sie sind der himmlische Seelenklempner, der unter Zuhilfenahme seiner atemberaubenden inneren Kraft unsere gefürchtete emotionale Transformation herbeiführen soll. Das bedeutet nichts anderes, als dass Sie sich mit Ihrer leidenschaftlichen Entschlossenheit zwanghaft auf der Spur halten und Ihre Mitmenschen nervös machen, einfach weil es Ihre karmische Verpflichtung ist, ein strahlendes Vorbild der Fertigkeit zu sein, die Sie bereits gemeistert haben: des Überlebens.

Kein Zweifel, im Krisenmanagement liegt Ihre große Begabung, doch Ihren karmischen Schulabschluss setzen Sie vor allem zur Selbsterhaltung ein – geschickt ducken Sie sich intuitiv im Kugelhagel und versetzen auf wundersame Weise Berge. Das zu glauben, fällt uns leicht, sobald wir uns klarmachen, dass Ihre erstaunliche Willenskraft von Natur aus angetrieben wird von der unglaublichen Intensität Ihrer eigenen tiefen und manchmal verzweifelten Sehnsüchte. Zum Glück wurden Sie mit dem Wissen geboren, dass Macht nichts anderes bedeutet als Kontrolle, und mit einem unschätzbaren Überlebensinstinkt, der Ihr Verlangen nach Macht wie nach Kontrolle schürt. In dem Versuch, alles Wertvolle (und in vielen Fällen auch das Wertlose) zu beschützen, setzen Sie jedoch leider Ihr Selbstverteidigungssystem einzig und allein dafür ein, um die Existenz und die Tiefe Ihres größten Schatzes zu leugnen: Ihrer emotionalen Sehnsucht. Diese emotionale Sehnsucht und nicht, wie Sie zu glauben scheinen, Ihre todlangweiligen Verpflichtungen hat der Kosmos als Ihren Weg zur Macht bestimmt. Denn schließlich helfen Verpflichtungen keineswegs dabei, Berge zu versetzen, oder? Stattdessen gehen sie irgendwann aus Ihren unterdrückten Leidenschaften hervor, die Sie so lange niedergehalten haben, dass sie schließlich in niederen emotionalen Extremen als Hass, Verfolgungswahn und Zwanghaftigkeit zum Ausbruch kommen können. Dabei sorgen diese Ventile lediglich dafür, Ihre schlimmsten Ängste wahr werden zu lassen, weil sie bei anderen ein ebenso drastisches emotionales Verhalten auslösen. Kontrollverlust und, noch schlimmer, *Ihr* Kontrollverlust ist die Folge! Dies ist nicht nur eine beängstigende Vorstellung, sondern die traurige Wirklichkeit. Zwar bescheinigt Ihnen der Skorpion-Abschluss die höchste Qualifizierung im Erlangen jener physischen Ebene von Nähe und Intimität, die erforderlich ist, um sich verborgene Kräfte zu erschließen, doch leider geht mit ihm die berechtigte Angst davor einher, genau von dieser Fähigkeit zu Nähe und Intimität kontrolliert zu werden. Das Universum sieht aber vor, dass Sie durch Ihre Emotionen einen Machtzuwachs erlangen, und nicht, dass Sie sich von ihnen manipulieren lassen. Wenn Sie schon Berge versetzen müssen, dann doch bitte, ohne dabei unsere Hemisphäre zu zerstören ...

Auf der Höhe Ihrer Leistungsfähigkeit sind Sie clever, auf Ihr Ziel konzentriert, einfallsreich und ein ausgezeichneter Beschützer Ihrer Sache. Ihre Fähigkeit, Situationen mit unglaublicher Klarheit zu durchschauen, und Ihre wilde Entschlossenheit machen Sie in jeder Situation zu einem würdigen Gegner, der jedoch häufig unterschätzt wird. Als Meister gefährlicher Geheimnisse und emotionaler Opfer ist Ihnen das so auch lieber. Jedenfalls so lange, bis Ihre tiefe Angst vor jeglicher emotionaler Verletzung seinen abscheulichen Kopf hebt und mit ihr Ihr unbegründeter Verfolgungswahn und Ihr chronisches Misstrauen zutage treten. In solchen Augenblicken entfalten Sie als kontrollsüchtiges, manipulatives und kompromissunfähiges Schreckgespenst Ihre schlimmste Seite, verbergen sich hinter defensiven Mauern und verwandeln neurotisch Ihre psychologischen Stärken Intuition, Hingabe und Mut in die emotionalen Waffen Missgunst, Rachsucht und Zwanghaftigkeit. Sie nutzen Ihre destruktiven Attacken zu Ihrer Verteidigung und setzen jede noch so drastische Waffe aus Ihrem psychologischen Arsenal ein, um Ihre vermeintlichen Feinde in einer strategischen Totaloffensive zu vernichten – möglichst eine Woche bevor sie überhaupt festgestellt haben, dass es Sie gibt. Im Militärjargon nennt man dies die Politik der verbrannten Erde. Für Sie jedoch, wer hätte das gedacht, ist dies Ihre gewohnte emotionale Vorgehensweise.

Mit einem Skorpion-Abschluss in der Tasche sind Sie der universelle Überlebenskünstler, der sich gemäß den zynischen Kräften der Natur jetzt in die Personifizierung innerer Macht einbringen muss. Kein Wunder also, dass Sie unablässig nach der Intensität leidenschaftlicher Liebschaften und bedeutsamer Erfahrungen suchen. Sie sind darin ausgebildet, uns die tiefverborgenen Reserven zu offenbaren, indem Sie jedem, der Ihnen nahe genug kommen darf, beweisen, dass menschliches Begehren unsere gewaltigste und bisher ungenutzte Kraftquelle und der Natur stärkstes Element ist. Das geht nicht ohne zahlreiche Kollateralschäden ab, aber seien Sie unbesorgt: Das Löschen von Brandherden liegt in Ihrer karmischen Verantwortung. Ebenso wie das Legen der Brandherde. Die Notrufzentrale war Ihr kosmisches Klassenzimmer. Das erklärt, woher Sie wissen, wie man aus Ruinen etwas Neues entstehen lässt, und wieso Sie, sobald sich der Rauch verzogen hat, meist der Einzige sind, der noch aufrecht steht. Daraus ergibt sich ohne Zweifel, dass es Ihre vom Universum gestellte Aufgabe ist, uns zu zeigen, wo in uns noch ungeahnte Kräfte schlummern. Aber das ist nur der Anfang. Ihre tatsächliche Mission und größte Herausforderung ist es, ein meisterhaftes irdisches Vorbild im richtigen Einsatz von Macht zu sein.

Ihre kosmische Titelmelodie: »Stayin' Alive« von den Bee Gees.

Die Sonne im Zeichen Schütze
☉ in ♐

Karmischer Schulabschluss: Wahrheit, Wissen und Erleuchtung.
Herrscher des Zeichens Schütze: Jupiter, der Planet des Glücks und der Expansion.

Sie wurden geboren, als die Sonne das Sternzeichen Schütze durchlief. Damit erfolgte die vorangegangene Entwicklung Ihrer Seele auf dem Weg des intellektuellen Wachstums, geschult an den Lektionen der physischen Expansion. Sie sind also hier, um uns zu zeigen, wie man sich mittels der fordernden Grenzen globaler Kommunikation, höherer Bildung, moralischer Philosophie und weit entlegener Orte für Neues öffnen und seinen Horizont erweitern kann. Da kann man nur gratulieren. Sie haben den Schütze-Abschluss erlangt, weil Sie fähig sind, Fragen zu stellen, auf die es noch keine Antworten gibt, und Unbekanntes zu erforschen, während Sie zugleich die Wahrheit herausfinden und die Situation retten. Kein Wunder also, dass Sie mutig idealistische Prinzipien verteidigen und leidenschaftlich romantische Vorstellungen hochhalten müssen. Sie sind der kosmische Kreuzritter, der uns mit unseren grenzenlosen Möglichkeiten inspirieren soll, indem er die Welt mit seinen tiefgründigen philosophischen Vorstellungen erleuchtet. Das kann niemand besser als Sie, auch wenn Sie dabei in Ihrer Ungeduld wichtige Details ignorieren und rücksichtslos die daraus entstehenden Konsequenzen übersehen. Schließlich haben Sie Ihr Diplom erhalten, weil Sie wissen, wie man Wahrheit, Bildung, Gerechtigkeit und Abenteuer auf romantische Weise anstrebt und meisterhaft fördert. Deshalb können Sie gar nicht anders, als immer wieder die sprichwörtlichen Aufforderungen zur Vorsicht in den Wind zu schlagen und erfolgreich alle ungünstigen Bedingungen zu überwinden.

Sie wurden darin ausgebildet, ständig jede langweilige Hülle anzubohren. Sie müssen Ihre intellektuellen, physischen und spirituellen Begrenzungen anfechten, weil es in Ihrer karmischen Verantwortung liegt, sie zu überwinden. Zum Glück sind Sie für diese Mission mit Ihrem noblen Sinn für Gerechtigkeit und Ihrem Faible fürs Abenteuer gut ausgerüstet. Leider fehlt Ihnen eine Tarnkappe, aber das macht nichts, denn schließlich sind Sie ja zum Ausgleich beherzt. Ja, die schieren Ausmaße Ihres idealistischen Eifers, der unablässig durch Ihre Adern strömt, reicht aus, um damit nicht nur Ihre eigenen heldenmütigen Überzeugungen und halsbrecherischen Kampagnen zu befeuern, sondern auch noch diejenigen der Johanna von Orléans, von Abraham Lincoln und sogar von Batman. Ja, wenn man darüber nachdenkt, dann ist es genau dieses ausgezeichnete Team, das erforderlich ist, um Ihre hingebungsvolle Begeisterung daran zu hindern, außer Rand und Band zu geraten und sich in selbstgerechten Fanatismus zu verwandeln, immer dann, wenn Sie aufbrechen, um am falschen Ort nach Sinn zu suchen. Denn schließlich gibt es ja so viele Gelegenheiten, um einen energischen Kreuzzug für die gerechte Sache vom Zaun zu brechen oder um leidenschaftlich die Benachteiligten zu verteidigen, bevor Ihrer Leidenschaft die hochfliegenden Optionen ausgehen und Sie sich genötigt sehen, mit »Plan B« zufrieden zu sein. Plan B jedoch zwingt Sie, uns vor uns selbst zu retten, indem Sie einfach unseren moralischen Kompass mit Ihrer moralischen Übermacht justieren. Das ist, aus Sicht des Universums, der Anfang Ihres Endes.

Denn Ihr Schütze-Abschluss bestätigt zwar, dass kein Mensch auf Erden eine höhere karmische Qualifikation als Vorbild für inspirierte Erleuchtung besitzt, aber er setzt auch fest, dass sich Ihr Status als Superheld in dem Augenblick in Rauch auflöst, wenn das Universum Sie dabei erwischt, dass Sie in Ihrer kontinuierlichen Suche nach Wissen nachlassen, oder aber, was noch schlimmer ist, rücksichtslos Ihre Kenntnisse für die eigenen Zwecke missbrauchen. Offenbar wird von Ihnen erwartet, dass Sie Ihre Weisheit teilen und Ihre Überzeugungen unters Volk bringen, ohne widersprüchliche Ansichten niederzubügeln, gegensätzliche Meinungen zu ignorieren oder sich lediglich für Ihre eigenen Entdeckungen einzusetzen. Mit einem Wort, Sie müssen immer danach streben, alles zu erfahren, ohne jedoch je als Besserwisser dazustehen. Nun ja, es sieht so aus, als könnten Sie doch eine Tarnkappe brauchen.

An Ihren guten Tagen sind Sie ein optimistischer, prinzipientreuer, großzügiger und verständnisvoller Mensch. Sie passen sich bereitwillig Veränderungen an und erfüllen Ihre Mitmenschen mit Ihrer Leidenschaft für Ideen und Ihrer Begeisterung für Abenteuer. Kein Wunder, dass Sie sich häufig von göttlicher Intuition geleitet und von glücklichen Fügungen beschützt fühlen. So ist es ja auch. Außerdem sind Sie von

Natur aus unterhaltsam und haben gern Spaß. Deshalb genießen Sie die Herausforderung intellektueller Wettkämpfe und die sportliche Komponente jeglicher Ablenkungsmanöver.

An Ihren schlechten Tagen jedoch zwingt Sie Ihr immenser Hunger nach Freiheit und Ihre sogar noch größere Abneigung gegen Mäßigung, dickköpfig die Meinung aller anderen zurückzuweisen, aus dem einzigen Grund, weil Sie sich weigern, sich durch die Grenzen anderer irgendwelche Beschränkungen auferlegen zu lassen. Dann verzetteln Sie sich gründlich, überfordern Ihre Mitmenschen, zielen zu hoch und versprechen leichtsinnig mehr, als Sie halten können. Überwältigt vom Gegenschlag unabgeschlossener Projekte und vergessener Verabredungen, versuchen Sie verzweifelt, Ihr Gesicht zu wahren, indem Sie wichtigtuerisch die intellektuelle Opposition ignorieren, nach dem Zufallsprinzip die moralischen Torpfosten versetzen und sich selbstgerecht weigern, nach den Regeln irgendeines anderen Glaubenssystems zu spielen. Es ist unfassbar, aber die Welt hat darin versagt, Ihre Erwartungen zu erfüllen ...

In Wahrheit hat sich die Welt lediglich geweigert, sich Ihren Regeln unterjochen zu lassen. Aber wem könnte das auch gelingen bei all Ihren übertriebenen Erwartungen und auch Ungereimtheiten? Offenbar gelingt es nicht einmal Ihnen selbst, und dafür gibt es gute Gründe. Mit Ihrem Schütze-Abschluss sind Sie hier, um Ihre Weltklugheit zu erweitern, indem Sie Ihre irdischen Grenzen verschieben. Sie sind der Suchende im Universum, der bereits herausgefunden hat, dass Wissen ebenso wie Wachstum nur durch unbegrenzte intellektuelle, spirituelle und körperliche Freiheit ermöglicht wird, und deshalb hat Sie das Universum autorisiert, Ihrem eigenen Herzen zu folgen und nach Ihren eigenen Prinzipien zu leben. Aus diesem Grund auch wurden Ihnen die Schlüssel zur

Erleuchtung überlassen und ein globales Rednerpult versprochen. Durch Ihr Vorbild lernen wir die Macht der Möglichkeiten
kennen, werden inspiriert, uns selbst zu übertreffen, was uns,
da können Sie sicher sein, nur aufgrund Ihrer Weisheit gelingen wird. Es ist kein Zufall, dass das Universum Ihnen so viel
Vertrauen mit auf den Weg gegeben hat, dass selbst die un-
wahrscheinlichsten Träume wahr werden könnten. Sie sind
hier, um uns zu zeigen, dass unsere Träume ebenso wie unsere Wahrheit tatsächlich die Macht haben, uns überallhin zu
führen, wenn wir nur an sie glauben. Und so wird es auch bei
Ihnen selbst sein, vorausgesetzt, Sie erinnern sich daran, das
zu leben, was Sie predigen.

Ihre kosmische Titelmelodie: »Daydream Believer« von den
Monkees.

Die Sonne im Zeichen Steinbock
☉ in ♑

Karmischer Schulabschluss: Karriere, Verantwortung und
Reputation.
Herrscher des Zeichens Steinbock: Saturn, der Planet der
Begrenzung und der Disziplin.

Die Sonne befand sich während Ihrer Geburt im Zeichen
Steinbock, deshalb erfolgte die vorangegangene Entwicklung
Ihrer Seele auf dem Weg des materiellen Erfolgs, geschult an
den Lektionen weltlich ausgerichteter Zielsetzungen. Sie sind

also in Ihrem gegenwärtigen Leben angekommen, um uns darin zu unterweisen, wie man mit den offiziellen Verantwortlichkeiten elterlicher Autorität, beruflicher Karriere und öffentlicher Reputation umgeht und wie man sie meistert. Willkommen zum astrologischen Äquivalent großer Erwartungen an ein Leben auf dem Präsentierteller! Oder wie sonst würden Sie ein spirituelles Programm beschreiben, das von Ihnen erwartet, hoch zu zielen und hart zu arbeiten, damit Sie reich und groß werden, aber erst nachdem Sie offiziell in den Augen der Welt Ihre Abgaben entrichtet, jedoch immerhin bevor Sie nach Auffassung Ihrer Erben den Verstand verloren haben ...? »Mission Impossible«? In der Tat eine Herkulesarbeit, aber lassen Sie sich nicht entmutigen. Es gibt mehr als nur einen »kosmischen Mahlstein«, der für Sie arbeitet. Damit geht das gewaltige Versprechen einher, dass Sie es weit bringen werden auf der Leiter des Erfolgs. Deshalb können Sie nicht anders, als sich zu Höherem berufen zu fühlen und sich auf spezielle Ziele zu konzentrieren. Sie sind ein Unbekannter, der seine Position in der großen weiten Welt erreicht, indem er es auf seinem eigenen speziellen Gebiet zu etwas bringt. Natürlich müssen Sie zu diesem Zweck Verantwortung übernehmen und um die Kontrolle ringen, denn es ist Ihnen bestimmt, auf die eine oder andere Weise an die Spitze zu kommen, nur fangen Sie nach dem Willen des Kosmos eben ganz unten an.

Machen Sie sich keine Sorgen. Wenn es irgendjemandem gelingen kann, seinen ehrgeizigen Weg auf pragmatische Weise die Sprossen organisierter Strukturen hinauf zu machen, dann jemandem wie Ihnen, der vom Universum eigens dazu ausgebildet wurde. Sie haben Ihr Steinbock-Diplom erhalten, weil Sie einst Macht, Autorität, Respekt und Status geschickt erlangt und wirkungsvoll einzusetzen vermochten. Kein Wunder, dass Sie erreichen, was niemandem sonst gelingt, und in den Bereichen erfolgreich sind, in denen andere versagen. Sie haben eben das, was sonst keiner hat: die absolute Gewissheit im Hinblick auf Ihren Weg. Ihn zu verfolgen, wurden Sie geboren, ausgerüstet mit dem Wissen darüber, wie das System funktioniert. In der Regel gereicht Ihnen das zu Ihrem materiellen Vorteil, jedoch leider oft auf Kosten Ihres spirituellen Persönlichkeitsanteils, was letztlich zur Hemmung Ihres beruflichen Erfolgs führt. Aber das muss eben so sein.

Zwar bestätigt Ihr Steinbock-Abschluss Ihre karmische Qualifikation als strahlendes Beispiel für vollendete Führerschaft auf jedem Gebiet, aber er legt auch fest, dass Sie Erfolg und Glück nicht erringen können, wenn Sie sich darauf beschränken, die Regeln zu manipulieren, Verantwortung zu missbrauchen oder auf jede nur erdenkliche Weise Autoritäten zu umgehen. Offensichtlich erwartet das Universum von Ihnen, dass Sie berufliche Leistung verkörpern und materiellen Erfolg zeigen, indem Sie zum Wohle aller Betroffenen pflichtbewusst innerhalb der etablierten Ordnung handeln. Die für Sie ausschließlich gültige Regel auf diesem kosmischen Spielfeld ist eine universelle: Der Zweck heiligt nicht mehr länger die Mittel, auch dann nicht, wenn Sie es wirklich zu etwas bringen.

Es überrascht nicht, dass Sie an Ihren guten Tagen verantwortungsbewusst, gut organisiert, diszipliniert und fleißig sind. Besonders fällt auf, dass Sie Ihre Aufgaben wirklich erledigen. Sie sind zum Erfolg entschlossen, und obwohl man Ihnen immer die schwierigsten Aufgaben zuteilt und Sie stets die Vorgesetzten haben, die die höchsten Anforderungen stellen und den größten Einsatz erwarten, gelingt es Ihnen jedes Mal, das schönste Büro im Haus, den besten Stuhl in der Firma und sogar den günstigsten Stellplatz in der Tiefgarage zu ergattern. Deshalb bringen Sie all jenen, die Vergleichbares leisten, großen Respekt entgegen.

Als natürliche Führungspersönlichkeit beeindrucken Sie fortwährend die Entscheidungsträger mit Ihrer außergewöhnlichen Fähigkeit, ein Team exzellent zu führen, zugleich aber auch ein wertvoller Mitspieler zu sein. Da gibt es kaum etwas, was Sie nicht erreichen könnten. Nur leider gehen Sie eben manchmal auch sprichwörtlich über Leichen, um an Ihr Ziel zu gelangen. Es bedarf kaum einer Erwähnung, dass Ihr mächtiger Antrieb aus unserer Perspektive nichts anderes als gewissenloser Ehrgeiz ist. Aus Ihrem Blickwinkel jedoch werden Sie von einem tiefen Gefühl der Unzulänglichkeit vorangetrieben. Nur wenige Menschen erkennen, dass Sie tief im Inneren eine abgrundtiefe Versagensangst verbergen, die sich durch Kontrolle ernährt und Ihre zwanghafte, opportunistische und gelegentlich gnadenlose Herangehensweise verursacht.

Ja, der Grund, warum es Ihnen nur so schwer gelingt, um Hilfe zu bitten oder Fehler zuzugeben, ist Ihre Weigerung, schwach oder ineffektiv zu erscheinen. Stattdessen benutzen Sie kalt jeden, der sich Ihnen zur Verfügung stellt, und schlagen Kapital aus allem, nur um in egoistischer Manie das zu erreichen, was Sie sich vorgenommen haben. Das verwandelt Sie an Ihren schlechten Tagen in einen herrschsüchtigen, zwanghaften, berechnenden und materialistischen Menschen. Wir staunen, wenn Sie in Ihrer Arroganz die Notwendigkeit angemessener und verantwortungsbewusster Grenzen oder den Wert von verlässlichen Strukturen missachten. Doch das sollte uns eigentlich nicht überraschen. Mit Ihrem Steinbock-Diplom ist Erfolg für Sie keine Option, sondern der Sinn und Zweck Ihres Daseins. Egal, welchen Beruf Sie ergreifen, Sie werden sich immer der ehrgeizigen Jagd nach Geld, Ehre, Positionen und Autorität verpflichtet fühlen, denn gleichgültig, was Sie auch tun, Sie werden stets dafür verantwortlich sein, die Kräfte zu entfesseln, die in der Welt zum Einsatz kommen. Sie sind auserwählt, uns das Prinzip »Jeder erhält, was er verdient« nahezubringen, denn Sie haben den Schulstoff »weltlicher Ruhm und materieller Reichtum« gemeistert. Es bleibt Ihnen also gar nichts anderes übrig, als für alle Welt sichtbar hinauszugehen, jene prestigeträchtigen Höhen zu erklimmen und ihre hervorstechenden Gipfel zu erobern. Das Universum verpflichtet Sie dazu, den hohen Preis von Status und die überwältigende Verantwortung der Macht zu demonstrieren.

Unmögliche Anforderungen werden an Sie gestellt, aber nur, weil vermeintlich unmögliche Ziele erreicht werden sollen. Außerdem hat das Universum Sie anders als die meisten mit grenzenlosem Ehrgeiz ausgestattet, der Ihre beruflichen Zielsetzungen befeuert und Ihren triumphalen Aufstieg zum Erfolg garantiert. Die einzige Gefahr für Sie auf Ihrem Weg hin zum Erfolg besteht darin, dass Sie sich von ihm blenden lassen.

Ihre kosmische Titelmelodie: »Respect« von Aretha Franklin.

Die Sonne im Zeichen Wassermann
☉ in ♒

Karmischer Schulabschluss: Sozialreform und kreativer Einfallsreichtum.
Herrscher des Zeichens Wassermann: Uranus, der Planet der Veränderung und der Originalität.

Da Sie geboren wurden, als die Sonne sich im Transit durch das Zeichen Wassermann befand, galt der vorangegangene Entwicklungsweg Ihrer Seele der intellektuellen Individualität in Lektionen sozialer Teilnahme. Mit anderen Worten, Sie sollen uns nun zeigen, wie man die humanitären Ideale fortschrittliches Denken, universelle Bruderschaft und soziale Reform ankurbelt und inspiriert. Sie sind der idealistische Visionär, der gekommen ist, um eine bessere Welt zu schaffen. Sie tun dies, indem Sie warten, bis wir uns alle komfortabel eingerichtet haben, und dann irgendwie an unserer Basis rütteln. Kein Wunder, dass Sie gar nicht anders können, als alle Menschen in Ihrer Umgebung mit aufregenden neuen Möglichkeiten und originellen Alternativen zu erfüllen. Falls Sie meinen, dass sich all dies anhört wie das Programm eines Revolutionärs, dann haben Sie recht. Ja, Sie haben Ihren Wassermann-Titel nicht nur erlangt, weil Sie gelernt haben, wie man strahlende Visionen von Veränderung, Freundschaft, Erneuerung und Zukunft erzeugt, sondern weil Sie diese Bilder auch in Ihren Mitmenschen entstehen lassen können. Deshalb bleibt Ihnen gar nichts anderes übrig, als immer wieder auf Freiheit zu beharren, Konventionen abzulehnen und Innovationen einzuklagen. Das ist der Bereich, in dem das Universum Sie ausgebildet hat.

Deshalb, so meinen Sie, ist es unabdingbar, den »Status quo« zu erschüttern. Denn nur so lässt sich Ihrer Meinung nach ein besserer Weg finden. Wir aber können in Ihrem direkten Umfeld ohnehin keinen »Status« erblicken, der auch nur annähernd oder irgendwie »quo« wäre ... Wie sollte das auch möglich sein, wenn Sie ohne Unterlass neue Lebensweisen für sich entdecken, die dem allgemeinen Trend entgegenlaufen, sich immerfort alles Unkonventionelle oder Einzigartiges zu eigen machen und in ungewohnten Situationen nur selten irritiert oder verunsichert wirken? Selbst die Freundschaften, die für Sie die größte Anregung bieten, schließen Sie in der Regel mit Menschen, die uns Normalsterbliche äußerst unkonventionell erscheinen.

Dabei macht es Ihnen nichts aus, den universellen Einzelgänger zu geben, und deshalb gelingt Ihnen die Rolle auch so vorzüglich. Es gefällt Ihnen nicht nur, anders zu sein als die anderen, Sie sind sogar stolz darauf – manchmal vielleicht ein wenig zu sehr. Andererseits identifizieren sich Ihr Ego und Ihre Persönlichkeit derart stark mit Ihrem Intellekt, dass Sie immer dann auf eigensinnige Weise rebellisch werden, wenn Ihre radikalen Ideen, großzügigen Einstellungen und unkonventionellen Gedanken nicht von allen gebilligt werden. Wappnen Sie sich für das, was jetzt kommt, denn es handelt sich um Ihre kosmische Hürde: Es stimmt zwar, dass Ihr Wassermann-Abschluss Sie zu unserem strahlenden Vorbild macht, was unabhängiges Denken betrifft, aber es tut dies verbunden mit der Auflage, dass Sie diese Rolle spielen, ohne dickköpfig alle Meinungen und Gedanken von anderen zurückzuweisen, nur weil sie nicht Ihre eigenen sind. Wie rücksichtslos vom Universum! Offenbar sollen Sie mit Ihren Revolutionen ein höheres Ziel verfolgen als nur die Befriedigung Ihres persönlichen Stolzes – etwa die Verbesserung der Menschheit ...

Folglich sind Sie, wenn Sie Ihre strahlendsten Energien anzapfen, auf eindrucksvolle Weise objektiv und progressiv. Insbesondere sind Sie ein Idealist, der über die Begabung verfügt, mit jedem zurechtzukommen. Ein echter Individualist, der anderen gern die Freiheit zugesteht, sie selbst zu sein, und aufrichtig bemüht ist, alle zufriedenzustellen. Auf Ihrer dunkelsten Seite können Sie jedoch mit gleicher Intensität unvorhersagbar dickköpfig, distanziert, exzentrisch und ein

Störenfried sein. An solchen widerborstigen Tagen wird Ihre Freude an Chaos und Rebellion nur noch von der heimlichen Befriedigung darüber übertroffen, dass Sie ihr Schöpfer sind. In solchen Zeiten provoziert Sie Ihre zwanghafte Angst davor, dass Sie so wie alle anderen sein könnten, stur Traditionen zu ignorieren und sich als Experte für alles und jedes aufzublasen. Sie legen sämtliche Energie darein, zu schockieren, und erreichen Ihr Ziel, indem Sie sich überraschend unvernünftig geben und wir in der Folge, nun ja, auf unvernünftige Weise überrascht sind. Das sollten wir nicht sein. Da in Ihrem Leben einzig Ihre kreative Individualität das Sagen hat, werden Sie sich immer wieder auf die eine oder andere Weise von den Massen abgrenzen. Das müssen Sie. Das ist Ihr Ziel – ein Ziel, das offensichtlich von Ihrem Talent für visionäre Konzepte und von Ihrer Begabung für wissenschaftliche Prinzipien gespiegelt wird. Warum sonst begeistern Sie sich für alles, was avantgardistisch ist oder irgendwie auf dem neuesten Stand der Technik? Vielleicht aus dem naheliegenden Grund, weil die Berücksichtigung der Zukunft mehr als ein interessanter Zeitvertreib oder auch nur Ausdruck früheren Interesses ist. Sie ist Ihre karmische Verantwortung, weil sie bereits Bestandteil Ihres kosmischen Lehrplans war.

Mit einem Wassermann-Abschluss und ausgebildet in der Schule für sozialen Fortschritt, sind Sie erfüllt vom Geist der Menschlichkeit. Sie sind derjenige, der alles daransetzen muss, anders zu sein, denn Sie haben bereits erkannt, dass die Kraft unserer Gesellschaft auf unserer Einzigartigkeit als Individuen beruht. Selbstverständlich müssen Sie sich jeglicher Konformität verweigern – Sie können gar nicht anders. Sie sind felsenfest davon überzeugt, dass es Ihre Aufgabe ist, jedem Einzelnen zu zeigen, wie und wann wir unseren kreativen

Genius anzapfen sollen. So ist das. Außerdem wissen Sie auf einer instinktiven Ebene, dass wir uns nur dann, wenn wir unsere Individualität auf ihren Gipfelpunkt treiben, zu einer fortschrittlichen und kraftvollen Gesellschaft entwickeln können. Anders als wir sehen Sie das Gesamtbild: das kollektive Bewusstsein der Menschheit. Anders als wir gehören Sie tatsächlich in eine andere Zeit: in die Zukunft. Kein Wunder, dass wir ehrfürchtig zusehen, wie Sie vermeintlich gegen den Strom schwimmen, bereitwillig ausgetretene Pfade verlassen und selbstbewusst zu den Schlägen eines Trommlers marschieren, den wir gar nicht hören. Das Universum hat Sie auserwählt, damit Sie uns inspirieren, hinaus in die Welt zu gehen und es so zu machen wie Sie, und es wird Ihnen gelingen. Ja, mit einem Wassermann-Abschluss besteht Ihre einzige Herausforderung darin, irgendwann, wenn der richtige Augenblick gekommen ist, die Tatsache zu akzeptieren, dass ihre Vorstellung von einem anderen Trommler nicht unbedingt die bessere ist. Schwer zu schlucken, nicht wahr?

Ihre kosmische Titelmelodie: »My Life« von Billy Joel.

Die Sonne im Zeichen Fische
☉ *in* ♓

Karmischer Schulabschluss: emotionales Heilen und mitfühlender Dienst.
Herrscher des Zeichens Fische: Neptun, der Planet der Rätselhaftigkeit und der Illusion.

Ihr Leben begann in der Zeit, als die Sonne das Tierkreiszeichen Fische durchlief, und somit vollzog sich die frühere Entwicklung Ihrer Seele auf dem Weg der emotionalen Ganzheit, unterrichtet im Klassenzimmer der psychologischen Heilung. Sie sind also in dieses Leben eingetreten, um uns zu zeigen, wie man seinen Mitmenschen mitfühlend dienen kann durch idealistische Vorstellungen wie etwa bedingungsloses Vertrauen, durch kreative Vorstellungskraft und psychologische Gesundheit. Es ist offensichtlich, dass dieses spirituelle Programm nicht für »geringere Sterbliche« bestimmt ist, denn Sie sind schließlich darin ausgebildet, instinktiv die Einheit zu suchen mit »allem, was ist«, beziehungsweise unterschiedslos mit allem zu verschmelzen, was Ihren Weg kreuzt. Sie haben eben keine Wahl. Sie sind der Idealist, der hier ist, um die umfassendste Vollkommenheit zu suchen, zu der die Welt fähig ist. Und das ist es, was Sie – außer Enttäuschungen mit Zuckerguss zu versehen und die andere Wange hinzuhalten – am besten können. Sie sehen immer das Gute, das sich im Schlechten verbirgt, und hören die Wahrheit, die der Lüge innewohnt. Der Kosmos hat Sie darauf programmiert, auf dem Grunde aller Hoffnungslosigkeit immer doch noch ein Quentchen Hoffnung zu finden. Ihr Fische-Diplom wurde Ihnen ausgehändigt, weil Sie gelernt haben, trennende Grenzen aufzulösen, gegensätzliche Vorstellungen von der Wirklichkeit miteinander zu versöhnen und alternative Bewusstseinszustände herzustellen. Sie glauben noch daran, dass Sie im Lotto gewinnen werden und dass im Leben alles gut ausgeht. Wunder sind Ihre Spezialität, weil Vertrauen in Ihrer karmischen Verantwortung liegt. Schließlich tut es niemandem weh, die Welt durch die rosarote Brille zu sehen, denn wenn sie Ihre optimistischen Vorstellungen nicht erfüllt, dann gehen Sie hin und setzen Ihr bemerkenswertes Vertrauen,

Ihre unglaubliche Vorstellungskraft und Ihr unbegrenztes Mitgefühl dafür ein, um sie entsprechend Ihren Vorstellungen zu korrigieren.

Nun fragen Sie sich wahrscheinlich schon, wann wir denn zur Kehrseite der Medaille Ihres Sonnenzeichens kommen. Hierzu müssen Sie zunächst einmal Ihre rosarote Brille absetzen und sich der unangenehmen Tatsache stellen, dass Sie die erbarmungslose Wirklichkeit des Lebens nicht heilen können, wenn Sie bedingungslose Liebe, das Leugnen oder gar eine Sucht als Mittel einsetzen, um den schmerzhaften Zusammenstoß mit der Wirklichkeit zu vermeiden. Denn wann Sie sich so verhalten, dann hält die vermeintliche Harmonie stets nur kurz an und ist mit einem hohen Preis – Ihren Schmerzen! – zu bezahlen. Auch wenn Sie es nicht glauben können, aber Sie sind nicht hier, um Schmerzen zu erdulden, sondern um uns zu heilen. Dem Kosmos zufolge ist es an der Zeit, sich daran zu erinnern, dass Ihre Seele irgendwo auf ihrem Weg versprochen hat, uns zu inspirieren, indem sie uns von unserem Kummer befreit, aber nicht, indem Sie Ihrem Kummer aus dem Weg gehen oder ihn wieder und wieder durchleben. Ihr Fische-Abschluss bestätigt zwar, dass Sie karmisch qualifiziert sind, mitfühlende Heilung für das gesamte menschliche Leid bereitzustellen, aber er verlangt auch von Ihnen, dass Sie dabei ein gutes Vorbild an »schmerzfreiem Bewusstsein« abgeben müssen. Da haben Sie schon die Kehrseite Ihrer Medaille. Offenbar müssen Sie Ihre Vorliebe für psychologische Gesundheit und Ihre fixe Idee vom emotionalen Glück nun einsetzen, um nicht etwa Ihr therapeutisches »High« oder emotionales Nirwana, sondern das Ihrer Mitmenschen herbeizuführen, zum Beispiel der Hilf- und Hoffnungslosen. Ja genau, das ist der Teil, der Ihnen Mühe machen wird. In Ihrem Vertrag firmiert er unter dem Titel »Wirklichkeitsklausel«.

An Ihren besten Tagen sind Sie unglaublich einfallsreich, auf beeindruckende Art wohltätig und ein auf charmante Weise naiver Idealist. Vor allem aber sind Sie erfüllt von Mitgefühl für Ihre Mitmenschen und scheuen sich nicht, Regeln zu brechen, wenn ein menschenfreundlicherer Ansatz nötig ist. Ihre tiefe Intuition und Empfindsamkeit machen Sie sensibel für jede nur denkbare Veränderung des Bewusstseinszustands und fördern Ihre Neigung zu allem Spirituellen oder Mystischen.

Doch macht es Ihnen Ihr starkes Bedürfnis nach Bindung und Verschmelzung fast unmöglich, Ihr emotionales Gleichgewicht – und manchmal sogar Ihre eigene Identität – aufrechtzuerhalten. Ja, das »So tun, als ob« beherrschen Sie deshalb so ausgezeichnet, weil die hohe Kunst der Schauspielerei den Fischen in die Wiege gelegt ist. Damit lässt sich nicht nur Ihre instinktive Fähigkeit erklären, sich immer dann in einen anderen Menschen zu verwandeln, wenn Sie sich von Ihrer eigenen Person zu sehr frustriert fühlen, sondern auch die ärgerliche Leichtigkeit, mit der Sie bei zahlreichen Gelegenheiten wahnhaft, falsch und feige erscheinen können. An diesen schlechten Tagen sabotieren Sie unbewusst nicht nur Ihr eigenes, sondern auch unser Programm, indem Sie sich entweder vor den unangenehmen Aufgaben drücken, indem Sie die schwierige Seele, die Sie retten sollten, eben nicht wie verlangt motivieren oder indem Sie das schwierige Problem einfach ignorieren, das Sie zu lösen haben. Was sonst hätten wir von dem Inhaber eines Fische-Diploms erwarten sollen? Schließlich sind Sie der vom Universum auserkorene Heiler, der sich dem emotionalen Wohlergehen der Menschheit verschrieben hat. Zwar ist dies durchaus eine edle Gesinnung, doch gelegentlich verwischen sich dabei die Grenzen zwischen Retter und Opfer ein wenig zu sehr.

Die gute Nachricht: Sie haben die Wahl. Es steht Ihnen frei, all Ihre kreative Sensibilität für Ihre edle Berufung einzusetzen oder aber, doch das wäre traurig, als Ihre Entschuldigung dafür, dass Sie ihr zum Opfer fallen. Wie Sie sich auch entscheiden, Ihren Dienst leisten Sie. Das ist Ihre Bestimmung. Doch Sie wählen selbst, ob Sie uns inspirieren, indem Sie die versprochene mitfühlende Unterstützung leisten, oder uns lähmen, indem Sie sich zu dem emotionalen Krüppel machen, dem zu helfen Sie eigentlich zugestimmt hatten. Sie sind hier, um der Welt etwas von ihrem Schrecken zu nehmen und um sie ein gutes Stück weit erträglicher zu machen. Deshalb sind Sie mit einem unendlichen Vertrauen in die Kraft des Seins gesegnet. Sie sind eins mit ihr. Deswegen auch wurden Sie vom Universum ausgestattet mit den göttlichen Gaben wie bedingungslose Liebe, abstrakte und übersinnliche Wahrnehmung. Ihre Aufgabe ist es, zu heilen. Ja, auf einer bestimmten Ebene wissen Sie durchaus, dass Sie jeden psychologischen Notfall und jedes emotionale Opfer anziehen. Ihre einzige Herausforderung hier auf Erden ist es, sich daran zu erinnern, dass Sie sich nicht zu einem von ebendiesen Opfern machen. Und damit berühren wir den einen unangenehmen Punkt: Die rosarote Brille hilft Ihnen nicht weiter und gehört daher zu den verbotenen Utensilien.

Ihre kosmische Titelmelodie: »Imagine« von John Lennon und »Margaritaville« von Jimmy Buffett.

4
Das Sonnenhaus:
Ihre karmische Berufung

Wie Sie gesehen haben, ist es in aller Regel wohl nicht der schwierigste Teil Ihres »Vertrags mit dem Universum«, die Eigenschaften Ihrer Geburtssonne zu reflektieren. Schließlich ist es keine sehr anspruchsvolle Aufgabe, einfach der Mensch zu sein, als der man geboren wurde. Viel schwieriger ist es, sich tätig einzubringen. Und damit gelangen wir zum zweiten Teil der solaren Klausel in Ihrem Vertrag und entsprechend zu den zwölf Häusern in Ihrem Geburtshoroskop.

Zunächst will ich Sie jedoch mit ein paar Fakten versorgen, die für das weitere Verständnis erforderlich sind. Wie Sie bereits wissen, setzt sich der Zodiak oder die Ekliptik, also die scheinbare Laufbahn der Sonne um die Erde, aus zwölf verschiedenen Konstellationen oder Sternbildern zusammen, die sich im äußeren Ring Ihres Geburtshoroskops finden. Der innere, breite Ring enthält jene zwölf »Kuchenstückchen«, die die Astrologen als »Häuser« bezeichnen. Jedes Sternbild ist das Abbild eines bestimmten Himmelsbereichs. Jedes Haus ist das Abbild eines bestimmten Lebensbereichs hier auf der Erde (siehe auch die Tabelle am Ende des Buches). Das Horoskop dient als Momentaufnahme des Himmels am Tag Ihrer Geburt, und die Häuser unterteilen diesen Tag in zwölf Zwei-Stunden-Abschnitte. Das erste Haus stellt immer den östlichen Horizont genau zu Tagesanbruch dar (in der Regel die Zeit zwischen 6.00 und 8.00 Uhr). Das gegenüberliegende siebte Haus steht entsprechend für den westlichen Horizont genau bei Sonnenuntergang (in der Regel zwischen 18.00 und 20.00 Uhr).

Tagesanbruch und Sonnenuntergang dienen als Anker am Horizont. Somit symbolisiert jedes der zwölf Häuser nicht nur eine Periode von zwei Stunden, die die Sonne auf ihrem scheinbaren Weg um die Erde an diesem Tag durchlaufen hat, sondern auch den tatsächlichen Bereich des Himmels, in dem sie zu diesem Zeitpunkt auf ihrer Reise Position bezog. Um 12.00 Uhr befindet sie sich direkt über unseren Köpfen; um Mitternacht steht sie für uns unsichtbar exakt unterhalb der Erde. Da die Sonne also in einem der zwölf Bereiche des Himmels zum genauen Zeitpunkt Ihrer Geburt aufgeht, steigt, fällt und untergeht, muss ihre »Bewegung« entsprechend in den zwölf Häusern Ihres Horoskops erkennbar werden. Der Himmel, Ihr Horoskop – wie oben, so unten: Deshalb ist der genaue Zeitpunkt Ihrer Geburt für Ihr Horoskop – und damit für Ihren Vertrag mit dem Universum! – so wichtig. Nur wenn man ihn kennt, kann bestimmt werden, in welchem der zwölf Häuser sich astrologisch gesehen die Sonne zum Zeitpunkt Ihrer Geburt befand. Und nur dann weiß man auch, für welchen Lebensbereich das Universum Ihren im vorangegangenen Leben erworbenen karmischen Schulabschluss in dieser Inkarnation eingesetzt sehen will.

Folglich ist für Sie Ihr Sonnenhaus im Augenblick das wichtigste astrologische Puzzlestück. Zwar stellt jedes der zwölf Häuser irgendwann in Ihrem Leben eine Herausforderung dar, die gemeistert werden will, doch dasjenige, in dem sich die Sonne zum Zeitpunkt Ihres ersten Atemzugs befand, wird für

Sie immer das frustrierendste sein. Warum? Weil der Lebensbereich, den es verkörpert, an Sie die höchsten Ansprüche stellt. Das muss so sein. Während Ihr Sonnenzeichen Aufschluss über Ihren karmischen Schulabschluss gibt (den Teil Ihres Vertrags mit dem Universum, der Ihre solaren Leistungen bestätigt und der Außenwelt zeigt, welche karmische Qualifikation Sie erworben haben, um in diesem Leben Ihr ehrenwertes Zeichen zu setzen), stellt Ihr Sonnenhaus klar, in welchem Lebensbereich Sie diesen Abschluss gemacht haben. Auf der hellen Seite symbolisiert das Sonnenhaus den Bereich menschlichen Lebens, in dem Sie besonders glänzen werden, weil Sie zugestimmt haben, genau in diesem Bereich Ihr Allerbestes zu geben.

Auf der dunklen Seite steht dieses Haus für den Lebensbereich, in dem das Universum von Ihnen erwartet, dass Sie zur Stelle sind, sich an die Regeln halten und den Ihrer Ausbildung gemäßen höchstmöglichen und professionellsten Einsatz bieten. Und das nicht nur an Ihren guten Tagen, wenn Sie gerade Lust dazu haben, sondern auch an den schlechten. Vorausgesetzt natürlich, Sie wollen sich Ihre einmal erlangte Position auf dem Spielfeld erhalten und weiter vorankommen. Schließlich haben Sie selbst Ihr Versprechen gegeben und müssen für Ihr Handeln die Konsequenzen tragen. Außerdem soll es Ihnen gar nicht leichtfallen, die Anforderungen dieses Hauses zu bewältigen. Spitzenleistungen zu erbringen ist niemals einfach, jedenfalls dann nicht, wenn es bedeutet, dass man sein dem Kosmos gegebenes Versprechen hält, jeden Tag von vorn zu beginnen und keine Mühen zu scheuen. Nur so erfüllen Sie Ihre solaren Verpflichtungen, und nur so erhalten Sie Zugang zu Ihrem höchsten Potenzial. So ist das halt. Es besteht absolut keine Aussicht, jemals Erfolg und Erfüllung – die Belohnungen des Universums – zu finden, ohne als einer der Hauptakteure in Ihrem solaren Haus *tätig* zu werden. Ja, jedes Mal, wenn Sie sich entscheiden, in diesem Haus weniger als Ihre Höchstleistung zu bieten, und vielleicht lieber gar nichts tun, nimmt es das Universum persönlich, und das ist nur gerecht. Meist erhält Ihr Ego dann einen tüchtigen Dämpfer, und Ihr Lebenslauf legt den Rückwärtsgang ein. Wenn Sie Ihre Verpflichtungen gegenüber Ihrem Sonnenhaus vernachlässigen, dann weichen Sie nicht nur vom Pfad Ihrer eigenen Versprechen ab, sondern verwehren sich selbst den Zugang zu den für Sie bestimmten Möglichkeiten und sorgen selbst dafür, dass Sie direkt und bis auf den Boden des astrologischen Abgrunds »solarer Unzufriedenheit« fallen. Diese sollte nicht mit irgendeiner anderen Art irdischer Unzufriedenheit verwechselt werden, denn sie hat ihren Ursprung in der dunklen Seite einer unangezapften Sonne und verfügt über so gewaltige Energie, dass sich selbst Ihre stärksten Förderer von Ihnen zurückziehen können, wenn Ihre solare Unzufriedenheit Sie dazu veranlasst, chronisch zu jammern, sich über alles zu beklagen, was Ihnen Ihr Sonnenhaus nicht gibt, und keinerlei menschliche Anstrengungen zu unternehmen, damit Sie auch nur irgendetwas davon aus eigener Kraft erlangen können. Gut möglich, dass Sie bereits von diesem »Träge-Sonne-Syndrom« befallen sind.

Angenommen, Ihre Sonne steht im zehnten Haus und Sie befinden sich nicht »da draußen«, um vor den Augen der Öffentlichkeit Ihre persönliche Interpretation von verantwortungsbewusster Führerschaft abzuliefern, dann bestimmt nur deshalb, weil Sie sich gerade in Ihrer eigenen, ganz persönlichen Hölle aufhalten und darüber lamentieren, dass es Ihnen an Autorität fehlt und dass Ihnen außerdem die Ihnen zustehende Anerkennung versagt wird. Sollten Sie sich jedoch über Beziehungen beklagen, die zu schwierig aufrechtzuerhalten sind, oder über Partnerschaften, die einzugehen Sie nicht zustande bringen, dann ist Ihre Sonne im siebten Haus bestimmt alles andere als ein strahlendes Vorbild an ausgewogenem Miteinander. Wer wohl, glauben Sie, verbringt einen guten Teil seiner Zeit damit, über fehlende Mittel zu meckern, über das Versagen der Banken und über Partner, die emotional, finanziell oder spirituell am Ende sein sollen? Es sind diejenigen, deren Sonne im achten Haus steht und deren Paranoia sie davon abhält, ihren eigenen Anteil an der kollektiven Arbeit zu tun. Es nutzt gar nichts, wenn Sie durch Ihre Sonne im zweiten Haus versprochen haben, uns zu zeigen, wie man Geld macht und Wohlstand erzeugt. Wenn Sie kein zuverlässiges Wertesystem entwickelt haben, dann empfinden wir Ihre »Träge-Sonne-Klagen« über zu hohe Preise und zu geringe Verdienstmöglichkeiten nur als abgestanden und lästig. Weint Ihre Sonne im vierten Haus unablässig über das Fehlen von Stabilität im häuslichen Terrain, dann kann man getrost darauf wetten, dass Sie den Haushalt dominieren und sich vor der Mühe drücken, Ihren Mitmenschen das versprochene psychologische Fundament oder, noch schlimmer, die benötigte emotionale Sicherheit zu geben. Einflussreich zu sein bedeutet mehr als autoritäres Säbelgerassel und Besserwisserei. Es bedeutet, Autorität und Kenntnisreichtum einzusetzen, um als Einzelner Herausragendes zu entscheidenden Veränderungen beizutragen, die dem Wohle aller dienen. Der Kosmos verlangt mehr als nur die richtige Interpretation Ihrer solaren Plazierung, er verlangt, dass Sie ihr *tätig* gerecht werden und sich Ihrer karmischen Berufung stellen.

Was wäre also, wenn das Universum persönliche Erfüllung nur dann garantierte, sofern man seine Ärmel aufkrempelt und die vom Sonnenhaus verlangte Schwerstarbeit leistet? Wäre das einen Versuch wert? Aber selbstverständlich. Auf jeden Fall ist diese Anstrengung ebenso viel wert wie all die Therapiestunden, die in die Teilnahme an Selbsthilfegruppen investierte Zeit und die überteuerten Anrufe bei irgendwelchen übersinnlichen Hotlines. Wenn, um das Tor des Monats zu schießen, nichts weiter erforderlich wäre, als sich auf dem richtigen Spielfeld aufzuhalten, würden Sie dann nicht auch wissen wollen, wo es sich befindet? Wer würde das nicht? Wissen ist Macht, nicht wahr? Außerdem werden Sie im Zusammenhang mit der solaren Klausel Ihres Vertrags in Kürze herausfinden, dass Unwissenheit noch zu keiner Zeit zur Glückseligkeit geführt hat. Fragen Sie nur jemanden, dessen Sonne sich im dritten Haus befindet. Oder noch besser, finden Sie heraus, in welchem Haus sich die Sonne in Ihrem eigenen Horoskop befindet, und legen Sie los. Gut möglich, dass Sie sich bisher jeden Tag abgerackert und dabei den direkten Weg zu einem viel besseren Leben übersehen haben.

Zwar wissen Sie vermutlich, dass Ihnen die Macht Ihrer Geburtssonne jederzeit durch das Sternbild zur Verfügung steht, das sie zum Zeitpunkt Ihrer Geburt durchlief. Doch dürfen Sie die Einlösung dieser Versprechungen nur durch das Haus erwarten, in dem sich die Sonne in Ihrem Geburtshoroskop befindet. Deshalb bezeichnen wir diesen zwingenden Einfluss als Ihre karmische Berufung – die zweite Hälfte der solaren Klausel in Ihrem persönlichen Vertrag mit dem Universum. Sie offenbart den wahren Grund Ihrer Existenz. Sie brauchen nirgendwo sonst zu suchen. In Ihrem Sonnenhaus und nirgendwo anders finden Sie Ihr menschliches Glück und Ihren irdischen Wohlstand. Das ist durchaus wörtlich gemeint. Der Kosmos in seiner unendlichen Weisheit hat bestimmt, dass dies Ihr Lebenszweck ist.

Die Sonne im ersten Haus
☉ in 1

Die Sonne befindet sich im ersten Haus Ihres Geburtshoroskops, Sie haben sich also damit einverstanden erklärt, das schwer erarbeitete Fachwissen Ihres Sonnenzeichens in die persönliche Entwicklung Ihres individuellen Selbst zu investieren. Das bedeutet, dass Sie die für Ihren solaren Abschluss erworbenen Kenntnisse jetzt einsetzen müssen, um Ihren Charakter zu entdecken, Ihre Persönlichkeit zu erforschen und um Ihre Identität zum Ausdruck zu bringen. Es wird also von Ihnen verlangt, dass Sie durch die Kraft und das Vertrauen in Ihre eigenen individuellen Handlungen Erfolge erzielen, denn schließlich wurden Sie geboren, um die unseren zu inspirieren. Aus diesem Grund scheint das Universum für Sie die Ampeln immer dann auf Grün zu schalten, wenn Sie egoistische Kräfte vor allem auf die eigene individuelle Leistung, Ihr persönliches Wachstum oder auf Aspekte Ihres physischen Erscheinungsbilds richten.

Wer die Sonne im ersten Haus hat, dem sollte der Drang nach Selbsterkenntnis und persönlicher Weiterentwicklung förmlich aus allen Poren tropfen. So erklärt sich, warum Sie vor allem sich selbst fördern und zur Angeberei neigen. Schließlich hat Ihre Seele versprochen, Ihre irdische Existenz der furchtlosen Promotion von Ich und Ego zu widmen. Wenn Sie Ihr Versprechen halten, dann ist eine hochbegehrte Führungsposition für Sie drin, die Sie allerdings niemals erringen werden, wenn Sie geduldig im Schatten eines anderen ausharren oder sich unablässig an den unauffälligen Seitenlinien verstecken.

Kein Wunder, dass Sie mit Ihrem Leben immer dann unzufrieden sind, wenn Sie sich mit Ihren Handlungen und Zielen auch nur im Geringsten von anderen abhängig machen oder, das wäre die schlimmste Variante, in einem untätigen Komitee feststecken, das Anweisungen folgen und als Team arbeiten muss. Weil Sie dem Kosmos versprochen haben, sich Ihre Selbstachtung zu verdienen, scheint Ihnen unter solchen Umständen der Tod schon fast als die leichtere Wahl. Aber Sie werden es schaffen. Das ist eine himmlische Gewissheit.

Da sich Ihre Sonne dem Haus der unerreichbaren Ideale verpflichtet hat, wird das Universum Sie nicht mit etwas Geringerem als heldenhaftem Verhalten davonkommen lassen. Das ist nicht verhandelbar. Es steht außer Zweifel, dass Sie Ihre Selbstverbesserung nur dann erreichen, wenn Sie den hohen Anforderungen und Erwartungen an sich selbst gerecht werden. Deshalb können Sie mit ziemlicher Sicherheit davon ausgehen, dass Ihnen auf Ihrem selbstverliebten Weg zu Ihrem höchsten Potenzial Konflikte, Herausforderungen und Widerstände in großer Zahl begegnen werden. Alle wissen, dass Sie es schaffen können. Passen Sie nur auf, dass Sie keine harten Eier an den Kopf bekommen.

Typische *»Träge-Sonne-Klagen«:* »Ich habe nicht genug Handlungsfreiheit«, »Alle anderen haben zu viel«.

Die Sonne im zweiten Haus
☉ in 2

Die Sonne befindet sich im zweiten Haus Ihres Geburtshoroskops, Sie haben sich also einverstanden erklärt, das schwererarbeitete Fachwissen Ihres Sonnenzeichens in das Erlangen von materiellem Reichtum zu investieren. Das bedeutet, dass Sie die für Ihren solaren Abschluss erworbenen Kenntnisse jetzt einsetzen müssen, um Geld zu verdienen, Ihr Gut zu vermehren und fassbare Ergebnisse zu erzielen – allerdings ausschließlich auf der Basis von ehrenhaften Abschlüssen und ethisch-moralisch vertretbaren Praktiken. Vor Ihnen liegt eine schwere Aufgabe, die Sie nicht meistern können, wenn Sie nicht zuvor ein eigenes zuverlässiges Wertesystem entwickelt haben. Damit ist ein persönlicher Prinzipienkodex gemeint, der Sie inspiriert, all das anzulocken, was Sie auf der materiellen Ebene als lohnend empfinden.

Selbstverständlich werden Sie Grundbesitz einen hohen Wert beimessen, materielle Güter zu schätzen lernen und ergiebige Geldquellen auftun. Aber der Zugang zu diesem, Ihrem höchsten Potenzial hängt von Ihrer Fähigkeit ab, einen Qualitätsstandard zu schaffen, auf den Sie stolz sein können. Keinesfalls geht es nur darum, die profitablen Ergebnisse zu erzielen, an denen Ihnen so viel liegt. Deshalb glänzen Sie immer dann, wenn Sie Ihre Energie in all dem zum Einsatz bringen, was eine meisterhafte Verwaltung der persönlichen Mittel fördert, die Ihnen anvertraut wurden – und wenn es Ihre eigenen sind.

Ihre Sonne hat sich dem Haus des Geldes und der materiellen Werte in Ihrem Horoskop verpflichtet, und es ist kein himmlisches Geheimnis, dass Sie selbst Ihr größter finanzieller Aktivposten und Ihre eigene größte persönliche Reserve sind. Ja, Sie haben sich für dieses Leben das Recht auf großen Reichtum erworben, weil Sie versprochen haben, ihn zu verdienen. Hierzu wird von Ihnen verlangt, dass Sie sich aus Ihrem Fernsehsessel erheben, Ihre Ärmel aufkrempeln und sich selbst zur sprudelnden Quelle Ihres unabhängigen

Einkommens machen. Dem Erfolg vorangehen wird ein allerdings eher schmerzhafter Prozess, in dessen Verlauf Sie die Verantwortung für Ihre eigenen wirtschaftlichen Abenteuer akzeptieren. Kein Wunder also, dass Ihnen das Leben immer dann deprimierend arm vorkommt, wenn Sie sich von den Fallstricken der physischen Welt, von Knauserigkeit, Gier und Selbstsucht oder sogar, was noch schlimmer wäre, von skrupellosem Finanzgebaren in Versuchung führen lassen. Schließlich haben Sie versprochen, Ihre irdischen Anstrengungen auf den konstruktiven und vorteilhaften Einsatz Ihrer materiellen Ressourcen zu richten. Ein Versprechen, das zu halten sinnvoll ist, weil es sich bei dem *Lohn* um etwas handelt, was zu besitzen sich zweifelsohne *lohnt*. Worin dieser besteht? Die physische Genugtuung, die einhergeht mit dem Errichten eines spürbaren Empfindens der eigenen Sicherheit oder, wie man wohl eher sagt: Selbstwertgefühl.

Typische »Träge-Sonne-Klagen«: »Die Preise sind zu hoch«, »Mein Gehalt ist zu niedrig«.

Die Sonne im dritten Haus
☉ *in* 3

Die Sonne befindet sich im dritten Haus Ihres Geburtshoroskops, deswegen haben Sie sich einverstanden damit erklärt, das unter schweren Bedingungen erarbeitete Fachwissen Ihres Sonnenzeichens in die fundamentale Entwicklung des Intellekts zu investieren, und zwar *unseres* Intellekts. Durch das in

Hochstimmung versetzende Erleben des näheren Umfelds: *Ihres* näheren Umfelds. Das bedeutet, dass Sie die für Ihren solaren Abschluss erworbenen Kenntnisse jetzt einsetzen müssen, um unseren Geist für den eigentlichen Lernprozess zu interessieren, indem Sie uns auf unsere kollektive Nachbarschaft neugierig machen. Mit anderen Worten, Sie müssen uns dem komplizierten Geflecht aus interessanten Informationen und herausfordernden Menschen aussetzen, das unsere Welt voranzubringen scheint, indem es unseren Postleitzahlen Leben einflößt.

Das Erreichen Ihres höchsten Potenzials hängt natürlich von Ihrer Fähigkeit ab, den Ereignissen gründlich nachzuforschen und sie dann geschickt im Rahmen Ihrer kosmischen Koordinaten beziehungsweise Ihres Geistes in Umlauf zu bringen. Dann sollen Sie Ihrer astrologischen Bestimmung gemäß – mit Hilfe Ihrer dem Quantenklassenzimmer des dritten Hauses verpflichteten Sonne – großartige Ideen hervorbringen und nennenswerte Informationen aufdecken, weil Sie dem Universum versprochen haben, das allgemeingültige Prinzip »Wissen ist Macht« zu personifizieren. Das heißt, Sie müssen Ihr gesamtes gegenwärtiges Leben der harten Arbeit widmen, das Prinzip unter Beweis zu stellen, und darüber hinaus die notwendigen Fertigkeiten entwickeln, um die Botschaft auch zu vermitteln.

Unter diesen Voraussetzungen ist es kaum überraschend, dass Sie ein so gutes Gespür für Nachrichten haben, so intuitiv mit Sprache umgehen können und einen guten Instinkt für Netzwerke entwickelt haben. Deshalb auch verfügen Sie über unerschütterliche Autorität, wenn es um nahezu alle Aspekte der Kommunikation, Erziehung, des Handelns und der Logistik geht. Jedenfalls so lange, bis das Universum Sie dabei erwischt, wie Sie Ihre mentalen Muskeln spielen lassen, indem

Sie gerade die Gedanken und Gespräche, die Sie stimulieren sollten, arrogant dominieren und wichtigtuerisch beiseiteschieben oder, was noch schlimmer wäre, verzerren. Sobald das geschieht, empfinden Sie das Leben plötzlich als unbefriedigend und Ihr Umfeld als langweilig – und Sie sind selbst beides.

Sehen Sie, unsere geistige Entwicklung hängt zwar tatsächlich von Ihren vorzüglichen Verbindungen zum sozialen Umfeld ab, doch Ihr persönlicher Erfolg hängt ab von Ihrer Fähigkeit, hinaus in die Welt zu gehen und wirklich zu der beeindruckendsten Person vor Ort zu werden. Das bedeutet, Sie haben die Wahl: Sie können sich entweder zurücklehnen und darauf warten, dass ein bemerkenswertes Geschwisterkind daherkommt, ein besonderer Nachbar, Händler oder Lehrer und einen glänzenden Eindruck in Ihrem näheren Umfeld macht, oder Sie erfüllen das Versprechen Ihrer Seele im Hinblick auf das dritte Haus und werden selbst zu dieser herausragenden Person.

Typische »Träge-Sonne-Klagen«: »Mir sagt man ja nichts!«, »Glauben die etwa, die wissen alles?«.

Die Sonne im vierten Haus
☉ in 4

Die Sonne befindet sich im vierten Haus Ihres Geburtshoroskops, Sie sind also damit einverstanden, das schwererarbeitete Fachwissen Ihres Sonnenzeichens in das instinktive Verfolgen häuslicher Stabilität zu investieren, im Wesentlichen, um emotionale Sicherheit zu gewinnen. Das bedeutet, dass Sie die für Ihren solaren Abschluss erworbenen Kenntnisse jetzt investieren müssen, um jedem Einzelnen von uns ein tiefes Selbstgefühl einzuflößen, indem Sie uns helfen, zu erkennen, wohin wir gehören.

Das ist kein Problem für Sie. Sind Sie ja gesegnet mit der erforderlichen Menschenkenntnis und wissen, was wir brauchen, noch bevor wir selbst es herausgefunden haben. Aus diesem Grund scheint für Sie die Sonne immer zu scheinen und freundlich auch immer dann auf Sie zu blicken, wenn Sie gerade Nähe herstellen, Ihre Fürsorglichkeit entfalten oder die Unterstützung leisten, die hier auf Erden für das emotionale Überleben Ihrer Mitmenschen unverzichtbar ist. Ohne Zweifel ist Ihr Zugang zu *Ihrem* höchsten Potenzial abhängig von Ihrer instinktiven Fähigkeit, unseren Zugang zu *unserem* höchsten Potenzial zu fördern, und nicht etwa, wie Sie uns gern glauben machen wollen, davon, wer Sie sind, was Sie sind und woher Sie kommen. Da sich Ihre Sonne den Urbedürfnissen des vierten Hauses verschrieben hat, wurden Sie geboren, um der metaphorische Schutzpatron unserer emotionalen Wurzeln und der Baumeister unseres psychologischen Fundaments zu sein. Diese Aufgaben fallen Ihnen aber nur deshalb zu, weil Sie sich bereit erklärt haben, jeden Aspekt von Heim, Herd und Familie zu erhalten und zu schützen.

Deshalb sind Sie immer dann zu glänzenden Leistungen fähig, wenn Sie sich »den Bereichen Mama, Apfelstrudel und Heimat« widmen. Jedenfalls so lange, bis Ihr innerer Zwang, sich um Ihre Mitmenschen zu kümmern, sich in Kontrollsucht verwandelt. Ihre ausgeprägten territorialen Instinkte und Ihr übermäßiger Stolz auf die Familie veranlassen Sie, genau die Menschen zu erdrücken und manchmal auch zu zerstören, die Sie eigentlich fördern sollten. Dieses Verhalten bereitet für gewöhnlich die Bühne für all diese entsetzlichen innerfamiliären Feindseligkeiten und für so viele frustrierende Immobilienfiaskos. Sie haben Ihr planetares Wort gegeben, uns Wurzeln zu verleihen, und nicht etwa, uns die Flügel zu stutzen. Als Kind wurden Sie in hohem Maße beeinflusst von einem herausragenden Menschen, der Ihr häusliches Leben entweder in festlichen Glanz zu tauchen oder es rücksichtslos zu dominieren vermochte. Kein Wunder, dass Sie nun als Erwachsener sowohl über die Macht als auch das Potenzial zu beidem verfügen.

Typische »Träge-Sonne-Klagen«: »Meine Familie unterdrückt mich«, »Meine Mutter unterstützt mich nicht«.

Die Sonne im fünften Haus
☉ *in* 5

Die Sonne befindet sich im fünften Haus Ihres Geburtshoroskops, und Sie haben sich einverstanden erklärt, das harterarbeitete Fachwissen Ihres Sonnenzeichens in den freudigen Ausdruck Ihres kreativen Selbst zu investieren. Das bedeutet, dass Sie die für Ihren solaren Abschluss erworbenen Kenntnisse jetzt einsetzen müssen, um das Leben zu feiern, Freude zu schaffen und um Ihre Führungspersönlichkeit unter Beweis zu stellen. Der Zurschaustellung Ihres kreativen Talents dürfen Sie sich ausschließlich zu dem Zweck bedienen, um uns zu inspirieren, das Gleiche zu tun. Kein Wunder also, dass Ihr planetares Glücksstreben immer irgendwie durch den kreativen Einsatz von Körper, Geist und Herz erfolgt und durch das wettbewerbsförderliche Scheinwerferlicht eine zusätzliche Stärkung erfährt.

Ihr maximales Potenzial erreichen Sie offenbar nur dann, wenn Sie das Leben Ihrer Mitmenschen bereichern, indem Sie spielerisch die Früchte Ihrer eigenen erfinderischen Anstrengungen ernten und sich dabei in der Welt tüchtig zu Gehör bringen. Keine leichte Aufgabe. Aber da Ihre Sonne sich mit dem Haus Ihres Horoskops verbunden hat, das Ihnen freihändiges Balancieren zum obersten Gebot macht, müssen Sie immer dann Überlegenheit ausstrahlen, wenn Sie Ihre egoistischen Energien einsetzen, um unsere Aufmerksamkeit zu erregen und uns mit Prunk und Pomp Respekt abzunötigen oder, wie Sie es auffassen, um unsere Zustimmung zu gewinnen. Sie zu erringen, fällt Ihnen selten schwer; denn Ihre gewaltige Leidenschaft für Kinder, Romantik und Unterhaltung jeder Art rückt Sie ins Rampenlicht und uns im Zuschauerraum in die erste Reihe. Schließlich sind Sie hier, um den kindlichen Geist zur Verfügung zu stellen, der künstlerische Individualität fördert, und nicht etwa den kindischen Egoismus, der sie unterdrückt oder gar verschwendet.

Da Ihre Sonne sich im fünften Haus befindet, haben Sie dem Kosmos versprochen, der Welt Ihren individuellen Stempel aufzudrücken, und deshalb waren Sie bereits als Kind bemerkenswert und müssen im späteren Leben als begabter Lehrer, Schauspieler oder Darsteller Ihre Mitmenschen inspirieren. Es sei denn, Sie wollen sich mit den erniedrigenden Alternativen des fünften Hauses wie etwa mit peinlichen Investitionen und enttäuschenden Abkömmlingen zufriedengeben. Auf den ersten Blick scheint alles wunderbar; Ihre Geburtssonne muss nur erst Verantwortungsbewusstsein lernen, bevor Sie von ihrem Geburtsrecht zum Angeben Gebrauch machen darf.

Typische »Träge-Sonne-Klagen«: »Meine Führungsrolle wird einfach nicht akzeptiert!«, »Immer bleibt die ganze Verantwortung an mir hängen«.

Die Sonne im sechsten Haus
☉ *in* 6

Die Sonne befindet sich im sechsten Haus Ihres Geburtshoroskops, Sie haben sich folglich dazu bereit erklärt, das harterarbeitete Fachwissen Ihres Sonnenzeichens in die praktische Pflichterfüllung und in den Dienst an anderen zu investieren. Das heißt, dass Sie die für Ihren solaren Abschluss erworbenen Kenntnisse jetzt nutzen müssen, um irgendwie den Alltag unserer irdischen Existenz durch die routinierte Verantwortlichkeit Ihres täglichen Trotts zu verbessern. Kein Wunder, dass Sie sich wie ein »professioneller Sklave« der Pflichterfüllung fühlen – Sie sind einer! Ja, auf einer bestimmten Ebene sind Sie sogar davon überzeugt, dass Sie nur deshalb auf dieser Welt sind, um Geist und Körper jenen lästigen Dienstleistungen zu widmen, die für uns so unverzichtbar sind. Weil sich in einer Ecke unserer alltäglichen Plackerei Ihre ganz persönliche Nische befindet, sind Sie eine Art vielgefragter Dienstleister in einem gewöhnlichen Bereich, der jedoch Ihre ureigenste himmlische Spezialität darstellt. Die Ursache ist vor allem in der Tatsache zu suchen, dass diese Tätigkeit irgendeine technische Begabung oder/und physikalische Kenntnisse voraussetzt, die Sie zuvor auf beeindruckende Weise perfektioniert haben und nun bei uns in die

Praxis umsetzen dürfen, und zwar ohne Ihr gewohntes krankhaftes Jammern und Ihre neurotische Pingeligkeit. Sie sind hier, um etwas zu leisten, ob Sie das nun wollen oder nicht. Da sich Ihre Sonne dem solaren Ausbeuterbetrieb des sechsten Hauses verschrieben hat, sind Sie verpflichtet, sich hart schuftend in den Dienst Ihrer Mitmenschen zu stellen. Denn schließlich haben Sie sich damit einverstanden erklärt, uns nützlich zu sein. Außerdem lastet auf Ihnen auch noch die Verantwortung, Ihre Sache gut zu machen. So erklärt sich, wie leicht es Ihnen fällt, uns mit Ihrer Strahlkraft zu blenden, insbesondere wenn es um Gesundheit, Ernährung, Hygiene oder Fitness geht. Mit Bravour täuschen Sie uns über die typischen Schwierigkeiten des sechsten Hauses hinweg, die sich im Umgang mit herrischen Mitarbeitern, in lähmenden Krankheiten oder langen Perioden der Arbeitslosigkeit äußern können. Sie wurden geboren, um im Glanz unserer Tüchtigkeit zu strahlen. Deshalb ist Ihr persönlicher Erfolg mit jenen undankbaren Pflichten verbunden, die niemand erledigen will, mit jenen zerbrochenen Gegenständen, die keiner reparieren mag, und mit den Nachtschichten, vor denen sich alle am liebsten drücken. Schließlich haben Sie ja versprochen, unsere Lebensqualität zu heben, und das geht offenbar nur, indem Sie für uns arbeiten.

Typische »Träge-Sonne-Klagen«: »Immer bleibt alles an mir hängen!«, »Alle anderen sind unfähig, auch nur irgendetwas richtig hinzubekommen«.

Die Sonne im siebten Haus
⊙ in 7

Die Sonne befindet sich im siebten Haus Ihres Geburtshoroskops, Sie haben sich also einverstanden erklärt, das schwererarbeitete Fachwissen Ihres Sonnenzeichens in das beiderseitige Engagement für enge persönliche Bindungen zu investieren. Das hat zur Konsequenz, dass Sie die für Ihren solaren Schulabschluss erworbenen Kenntnisse jetzt einbringen müssen, um auf verantwortungsbewusste Weise andere zu feiern, einfallsreich Gegner zu neutralisieren und um beeindruckende Allianzen zu schmieden.

Auf einer bestimmten Ebene ist Ihnen instinktiv bewusst, dass Sie Erfolg und Glück nicht allein erreichen können. Das ist unmöglich. Ja, der Zugang zu Ihrem höchsten Potenzial hängt nicht nur von Ihrer Bereitschaft ab, sich wirkungsvoll zu Ihren Mitmenschen in Beziehung zu setzen, sondern auch von Ihrer Fähigkeit, dabei sachlich zu bleiben. Da sich Ihre Sonne dem symmetrischen Geist des siebten Hauses verschrieben hat, sind Sie dem kooperativen Geben und Nehmen verpflichtet. Deshalb räumt das Universum Ihnen immer dann alle Hindernisse aus dem Weg, wenn Sie Ihre irdischen Bemühungen auf irgendeinen Aspekt sozialer Bereicherung, vertraglicher Übereinkunft oder von Öffentlichkeitsarbeit richten.

Wie es nicht anders zu erwarten ist, bringt diese starke Ausrichtung auf andere in der wirklichen Welt ein paar persönliche Nachteile mit sich, wie zum Beispiel dass Sie wie ein Magnet wirken auf all die Mesalliancen und wenig geeigneten Beziehungspartner des Planeten. So erklärt sich ein oft genug frustrierendes Sozialleben, vollgepackt mit lauter wenig lohnenswerten Beziehungen, die, wie Sie es sehen, Ihr Schicksal sind – jedenfalls so lange, bis Sie die unvermeidliche Entscheidung für Veränderungen treffen und sich damit abfinden, dass Sie für gute Partnerschaften zunächst ein Fundament aus gegenseitigem Respekt und absoluter Gleichberechtigung errichten müssen.

Sie haben versprochen, hart für die Schaffung fairer Beziehungen zu arbeiten, indem Sie gegensätzliche Kräfte ins Gleichgewicht bringen, und nicht etwa, indem Sie sie manipulieren. Harmonie und Wohlstand müssen erreicht werden, ohne dass Sie sich im Laufe des Prozesses verlieren oder, was noch schlimmer wäre, ohne dass Sie alle dominieren, die es zuzulassen scheinen. Jedes Mal, wenn Sie versuchen, tyrannisch die wichtigen Menschen in Ihrem Leben zu kontrollieren, oder sich hilflos selbst opfern, nur um sie zu »behalten«, dann geht es mit Ihrem Glück und Ihrer Zufriedenheit bergab. Denn immer dann, wenn Sie sich einer dieser beiden eigennützigen Verhaltensweisen bedienen, funktioniert die Beziehung nicht mehr. Und das ist nach dem Willen des Kosmos der Grund, warum Sie so oft ohne Partner auskommen müssen.

Typische »Träge-Sonne-Klagen«: »Nie ist mir mein Partner wirklich ergeben!«, »Immer versucht mein Partner, mich unter seine Fuchtel zu kriegen«.

Die Sonne befindet sich im achten Haus Ihres Geburtshoroskops, Sie haben sich also damit einverstanden erklärt, das erworbene Fachwissen Ihres Sonnenzeichens in die meisterhafte Verwaltung gemeinschaftlicher Kräfte zu investieren. Das bedeutet, dass Sie die für Ihren solaren Abschluss harterarbeiteten Kenntnisse jetzt einsetzen müssen, um sich und andere zu transformieren, indem Sie den Einsatz der kollektiven Ressourcen besonders scharfsinnig steuern. Offenbar hängt der Zugang zu Ihrem höchsten Potenzial nicht nur von Ihrer Fähigkeit ab, intuitiv jegliche materiellen, emotionalen oder psychologischen Vermögenswerte zum Vorschein zu bringen, die nicht Ihre eigenen sind, sondern auch von Ihrem Geschick, sie unbefangen zu handhaben.

Jeder weiß natürlich, dass dies nur gelingen kann, wenn man zunächst die Vertrauensbasis schafft, die den Zugang zu ihnen überhaupt erst gestattet. Sie wissen schon: Vertrauen. Kein Wunder, dass Sie beeindruckend glänzen, wann immer Sie Ihre Kräfte etwa auf die unbekannte Vielschichtigkeit der Vermögensverwaltung richten, auf Forschung und Ermittlung oder auf Angelegenheiten von Leben und Tod. Mit Ihrer Sonne im achten Haus wurden Sie geboren, um in der Tiefe zu graben, hinter den Fassaden tätig zu werden und sich unter den Radarstrahl zu ducken. Denn Sie haben sich der schwierigen Aufgabe verschrieben, unsere verborgenen Reserven aufzuspüren. Dies sollte vor allem mit dem Ziel geschehen, sie hervorragend zu verwalten, und nicht etwa, um uns mit ihnen emotional zu erpressen. Aber dann hängt die Erreichung des Ziels, an der Spitze des kosmischen Spiels zu stehen, lediglich davon ab, dass Sie allen Aspekten des Lebens auf den Grund gehen.

Weil das Leben für gewöhnlich mit dem Geschlechtsakt beginnt und mit dem Tod endet, ist es leicht nachvollziehbar, warum Sie es so häufig auch mit den Schattenseiten des Menschlichen zu tun haben und sich immer wieder in den brutalen Kräften der Natur verstricken. Deshalb wird Ihr Leben stets dann kompliziert, wenn Sie sich aus einer vermeintlichen Bedrohung heraus verleiten lassen, Kräfte von der Leine zu lassen, die sich zur Katastrophe auswachsen könnten, oder wenn Sie das ins Blickfeld zerren, was besser im Verborgenen bleiben sollte. Schließlich haben Sie ja versprochen, unser Leben zu revolutionieren, indem Sie Ihr eigenes Leben für die effiziente Nutzbarmachung verborgener Energien einsetzen. Um diese Aufgabe erfolgreich zu bewältigen, ist es erforderlich, unseren Besitz geschickt zu verwalten und unsere Geheimnisse sorgsam zu bewahren. Fast nebenbei können Sie sich so in diesem angsterfüllten Prozess einen Namen machen, für Ihre Mitmenschen ein Vermögen verdienen und ein paar wichtige Beziehungen knüpfen. All das gelingt natürlich nur, wenn Sie geschickt die für das achte Haus typischen Strudel wie bankrotte Partner und verlorene Erbschaften umschiffen. Leider wird Ihnen das so lange nicht gelingen, bis Sie mutig genug sind, um sich in unsere grauenerregenden Schützengräben zu wagen, und endlich die Veränderungen in Gang setzen, die Sie versprochen haben.

Typische »Träge-Sonne-Klagen«: »Niemand sonst bringt sich so ein wie ich!«, »Alle anderen verfügen über bessere und über mehr Mittel als ich«.

Die Sonne im neunten Haus
☉ in 9

Die Sonne befindet sich im neunten Haus Ihres Geburtshoroskops, Sie sind also damit einverstanden, das mühsam erarbeitete Fachwissen Ihres Sonnenzeichens in das Streben nach intellektuellem Wachstum zu investieren, um so den leidenschaftlich ersehnten allgemeinen Erkenntnisschub zu verwirklichen. Das bedeutet, dass Sie Ihre Kenntnisse jetzt einsetzen müssen, um *unsere* geistige Auffassungsgabe zu vergrößern, indem Sie *Ihre* weltlichen Horizonte erweitern.

Kein Wunder also, dass Sie stets dann strahlen wie ein Held, wann immer Sie uns bis an unsere intellektuellen, spirituellen und physischen Grenzen oder darüber hinaus fordern. Sie sind vom Universum auserwählt, sie zu überschreiten. Offenbar erhalten Sie nur dann Zugang zu Ihrem ganzen Potenzial, wenn Sie die verborgenen Gelegenheiten entdecken und die unendlichen Möglichkeiten erforschen, die außerhalb der Einschränkungen durch Ihre Kindheit und, so scheint es, unserer Wahrnehmung liegen.

Zum Glück sind Sie bei dieser anspruchsvollen Mission nicht ohne Kompass, denn das Universum hat Sie ausgestattet mit einem erhabenen Gerechtigkeitsempfinden, einem lebhaften Sinn für das Abenteuer und einem unverstellten Blick auf das Gesamtbild. Leider muss jedoch gesagt werden, dass Sie all dies auch wirklich brauchen werden.

Da sich Ihre Geburtssonne im neunten Haus befindet, sind Sie nicht nur intellektuell dafür verantwortlich, Wissen aufzuspüren und die Wahrheit zu verbreiten. Sie haben auch versprochen, sich den physischen Widrigkeiten entgegenzustellen und nicht lockerzulassen, bis Sie Ihr Ziel erreicht haben.

So erklären sich all Ihre schon beinah zwanghaften Kreuzzüge für die gerechte Sache, Ihre konsequenten Kampagnen für die Benachteiligten dieser Welt und nicht zuletzt Ihre unübersehbare Begabung in hochentwickelten Formen der Kommunikation wie Werbung, Rundfunk, Fernsehen, Lehre oder Veröffentlichungen allgemein. Sie wurden geboren, um uns mit dem Beispiel Ihrer eigenen tiefverwurzelten Überzeugungen zu inspirieren, und deshalb werden sich Ihnen immer dann gewaltige Hindernisse in den Weg stellen, wenn Sie nicht irgendwo in der Welt furchtlos Ihre Prinzipien predigen und brillant Ihre Ansichten formulieren. Oder aber, und das wäre noch schlimmer, Sie sind unterwegs, halten selbstgerecht Vorträge über Überzeugungen und Werte, praktizieren sie selbst jedoch nicht. Ihre Seele hat zugesagt, eine mächtige Quelle globaler Erkenntnis zu werden. Dieses Versprechen kann nur erfüllt werden, indem Sie konsequent nach der Erweiterung Ihres Wissens streben und es klug und mit Wahrhaftigkeit einsetzen. Zum Glück müssen Sie dazu nichts weiter tun, als die Sicherheit Ihres eigenen intellektuellen Hinterhofs zu verlassen – und uns mitzunehmen.

Typische »Träge-Sonne-Klagen«: »Meine Regeln müssen befolgt werden!«, »Einschränkungen durch andere sind nicht notwendig«.

Die Sonne im zehnten Haus
☉ in 10

Die Sonne befindet sich im zehnten Haus Ihres Geburtshoroskops, folglich haben Sie zugestimmt, das schwererarbeitete Fachwissen Ihres Sonnenzeichens in das ehrgeizige Ziel
irdischen Erfolgs zu investieren. Das bedeutet, dass Sie Ihre
Kenntnisse jetzt einsetzen müssen, um sich in der großen,
weiten Welt eine Position der Macht zu erwerben.

Machen Sie sich aber keine Sorgen, bei Ihrem politischen
Gespür beherrschen Sie das Rennen auf der Innenbahn der
Macht. Das ist letztlich auch gut so, weil Sie ja mit dem offiziellen Auftrag hier sind, sich in der Gesellschaft eine
Führungsposition zu erkämpfen. Kein Wunder, dass Sie ständig darauf aus sind, andere mächtige Menschen zu beeindrucken. Es ist mit dem Schicksal verabredet, dass Sie selbst bald
zu ihnen gehören, aber nur dann, wenn Sie sich mutig den
Anforderungen stellen, bis Sie das Sagen haben, wenn Sie
dabei respektvoll bleiben und natürlich ehrenhaft die Regeln
befolgen, statt irgendwelche Manipulationen zu versuchen.

Der Zugang zu Ihrem höchsten Potenzial ist abhängig von
Ihrer Fähigkeit, verantwortungsbewusst mit der Macht umzugehen. Aber erst einmal müssen Sie das Versprechen Ihrer
Seele halten und sich gänzlich, bis ins Knochenmark, dafür
einsetzen, um sich Ihre Macht erst einmal zu erobern. So erklärt sich, warum der Kosmos von Ihnen strahlende Überlegenheit erwartet, wenn es um Aspekte elterlicher Autorität, beruflichen Status und öffentlicher Führungspositionen geht.
Deshalb auch beruht jeder Ihrer beruflichen Erfolge auf der
Anerkennung durch Ihren Vater, oder sie werden, wie es häufiger der Fall ist, eben durch deren Fehlen motiviert.

Wie auch immer, da Ihre Sonne sich dem globalen Aquarium des zehnten Hauses verpflichtet hat, werden Sie feststellen, dass Sie dem Scheinwerfer des Erfolgs kaum ausweichen können, wenn Sie erst einmal aufgebrochen sind, sich Sporen zu verdienen. Andererseits entgehen Sie aber auch nicht der peniblen Überprüfung durch die Öffentlichkeit, falls Sie irgendwann in Ihrem Eifer nachlassen. Schließlich sind Sie in eine Welt eingetreten, die vom Universum darauf vorbereitet wurde, Großes von Ihnen zu erwarten. Deshalb scheint es Ihnen, als ob die Welt ständig darauf lauert, dass Sie irgendetwas leisten, und Ihnen nie auch nur den geringsten Fehler durchgehen lässt. So ist das, wenn man geboren wurde, als die Sonne gerade ihren höchsten Punkt im Himmel erreicht hatte und wir nur die Augen heben müssen, um einen strahlenden Stern auf dem Gipfel seiner Macht zu sehen: Offenbar erwartet das Universum von Ihnen nichts Geringeres.

Typische »Träge-Sonne-Klagen«: »Ich bekomme nie die Anerkennung, die mir zusteht!«, »Warum müssen mir eigentlich alle immerzu Konkurrenz machen?«.

Die Sonne im elften Haus
☉ *in* 11

Die Sonne befindet sich im elften Haus Ihres Geburtshoroskops, Sie haben sich demgemäß damit einverstanden erklärt, das Fachwissen Ihres Sonnenzeichens in den individuellen Ausdruck gesellschaftlicher Errungenschaften zu investieren. Das bedeutet, Sie müssen die für Ihren Abschluss mit viel Aufwand erworbenen Kenntnisse jetzt einsetzen, um ein einflussreiches Mitglied der Gesellschaft zu werden, indem Sie sich mitten unter die Menschen begeben und Ihre kreative Individualität geltend machen.

Das hört sich an wie ein kosmischer Widerspruch, oder? Nun, die Aufgabenstellung des elften Hauses steht dem in nichts nach. Sie verlangt nach der Führung einer Gruppe, was nichts anderes bedeutet als eine kosmische Genehmigung dafür, in aller Offenheit ehrgeizige Ziele zu verfolgen, sich leiden-schaftlich unerfüllbar scheinende Träume auf die Fahne zu schreiben, mit der nötigen Sturheit für revolutionäre Ideen einzutreten und dabei eine Gruppe von ansonsten unent-schlossenen Kollegen dafür zu gewinnen, dass sie sich Ihrer idealistischen Führung in einem manchmal rebellischen, aber immer progressiven Prozess anvertrauen. Hochgesteckte Ziele, kann man wohl so sagen!

Offensichtlich können Sie Ihr höchstes Potenzial nur errei-chen, indem Sie unser soziales Bewusstsein mit Ihrem sozia-len Gewissen beleben. Kein Wunder, dass Sie immer dann strahlen wie ein Feuerwerk der Brüderlichkeit, wenn Sie »da draußen« die Angelegenheiten hervorstellen und die Aktivi-täten organisieren, die irgendwie für die Verbesserung der Menschheit oder zumindest für die Förderung des örtlichen Kindergartens notwendig sind. Die Wahrheit ist, dass Sie bei-de auf großartige Weise fördern können, denn Sie verfügen über die Vision und das Charisma, um einfach alle in Hochstimmung zu versetzen und, so scheint es, mit jeder-mann klarzukommen. So erklärt sich die beeindruckend lange Liste von stimulierenden Freunden, einflussreichen Spielge-fährten und verrückten Typen, mit denen Sie zu tun haben. Sie sind außerdem auf die Welt gekommen, um innovative

Menschen zu fördern und um sich wissenschaftliche Prinzipien anzueignen. Sie haben sich einem neuen und verbesserten Morgen verschrieben und halten es daher für Ihre Aufgabe, den aktuellen Status quo aus den Angeln zu heben. Allerdings hat der Kosmos dafür gesorgt, dass dieses Ziel nur dann erreichbar ist, wenn Sie Ihre Individualität als idealistischer Anführer unter Beweis stellen, aber keineswegs, wenn Sie arrogant Ihren eigensinnigen Weg als exzentrischer Einzelgänger gehen. Es sei denn, Sie haben Lust auf die Fallstricke des elften Hauses: enttäuschte Hoffnungen, herrischen Kollegen und frustrierende Freundschaften.

Es stimmt zwar, von Ihnen wird erwartet, dass Sie sich als Mitglied der Gesellschaft hervortun, doch nur deshalb, weil Sie selbst sich der harten Arbeit verschrieben haben, sich für sie einzusetzen. Ja, dieses hohe Ziel hat viel Ähnlichkeit mit der Sonne in Ihrem elften Haus. Um etwas zu leisten, sind nicht nur Macht und Beliebtheit erforderlich, sondern auch die ernüchternde Erkenntnis, dass eines nicht für das andere geopfert werden darf – und natürlich die Unterstützung von Freunden.

Typische »Träge-Sonne-Klagen«: »Die Leute, mit denen ich zusammenarbeiten muss, sind einfach zu dominant«, »Die Gruppen, denen ich angehöre, sind ineffektiv«.

Die Sonne im zwölften Haus
☉ in 12

Die Sonne befindet sich im zwölften Haus Ihres Geburtshoroskops, Sie haben sich demgemäß damit einverstanden erklärt, das schwererarbeitete Fachwissen Ihres Sonnenzeichens in das göttliche Opfer des emotionalen Dienstes an anderen zu investieren. Das bedeutet, dass Sie die für Ihren solaren Abschluss erworbenen Kenntnisse jetzt einsetzen müssen, um Ihren eigenen unsterblichen Geist zu erhöhen, indem Sie aus Ihrem Mitgefühl heraus den unseren rehabilitieren.

Welch eine Berufung! Dies ist ohne Zweifel ein Leben, das mit einem Heiligenschein ausgezeichnet werden sollte. Denn Ihre Seele hat sich nicht nur dem Kosmos gegenüber verpflichtet, anderen Menschen das verdiente tiefe Gefühl emotionaler Erfüllung zu bringen, Sie sind es außerdem, der andere selbstlos mit dem starken Empfinden psychologischen Wohlergehens versorgt, das sie brauchen. Dies ist keine Aufgabe für einen »Normalsterblichen«, zumal, wenn er zuvor noch aus der Kindheit stammende Gefühle von Schuld, Verlust oder Scham überwinden muss. Deshalb ist es kein Wunder, dass die Vergangenheit so großen Einfluss auf Sie hat.

Da sich Ihre Sonne den Geheimnissen, Leiden und der Selbstzerstörung des zwölften Hauses verpflichtet hat, wurden Sie geboren, um genau diese Umstände ebenso wie auch uns zu heilen. Aus jenem Grunde werden Sie sich immer intuitiv zu allem und jedem hingezogen fühlen und damit zu verschmelzen suchen, was Ihnen vertraut scheint, leidet oder gerettet werden muss. Das ist Ihre Leistung, deren inspirierte Ergebnisse Sie erstrahlen lassen. Jedenfalls so lange, bis Sie sich ent-

scheiden, Ihre Quelle grenzenlosen Mitgefühls und therapeu-
tischer Erfolge für etwas anderes als die Verringerung unseres
Leids oder, was auch nicht besser wäre, für die Flucht vor
Ihrem eigenen einzusetzen – statt für unsere Erlösung. Sobald
dieser Fall eintritt, beeindrucken Sie uns nicht mehr länger als
die brillante Macht hinter dem Thron, sondern nerven uns als
der neurotische Märtyrer im Hintergrund, während Sie sich
von uns distanzieren und letztlich zu Ihrem eigenen ärgsten
Feind werden. Schließlich hat Ihre Seele versprochen, all die
bedingungslose Liebe, abstrakte Wahrnehmung und übersinnliche Einblicke einzusetzen, um uns durch unsere
schlimmsten Ängste und unsere dunkelsten Nächte zu helfen,
und nicht etwa, sie zu erzeugen. Unseren Geist wollte sie wecken und unser Morgen aufheitern, statt beides zu überwältigen. Es ist wirklich kein Zufall, dass Sie gerade in dem
Augenblick zur Welt gekommen sind, als die Sonne sich dar-
anmachte, sich über den östlichen Horizont in unsere bewusste Wahrnehmung zu schieben. Das ist der Zeitpunkt am Tag,
an dem alle Menschen unbewusst die Erleuchtung akzeptieren, indem sie instinktiv ihre Augen für die Strahlkraft einer
höheren Macht öffnen. Und das, so will es der Kosmos, sollen
Sie sein.

Typische »Träge-Sonne-Klagen«: »Die anderen haben nicht
das Recht, alles für sich zu behalten«, »Ich habe jedes Recht
auf meine Privatsphäre«.

5
Saturn:
Ihre karmische Lektion

L assen Sie sich nicht von den geheimnisvollen Ringen und dem Schneckentempo Saturns in die Irre führen, denn Sie sind im Begriff, sich von Angesicht zu Angesicht vor dem schwierigsten Planeten des Sonnensystems wiederzufinden, auf den die Klausel mit den höchsten Anforderungen in Ihrem kosmischen Vertrag zurückgeht. Und das ist kein Zufall. Saturn ist der Planet der Verantwortung, Disziplin und Begrenzung oder, wie er aus astrologischer Perspektive gern gesehen wird, der gestrenge Lehrmeister des Universums.

Jeder Astronom früherer Zeiten hätte Ihnen erklären können, dass dieser Planet nach einem mythischen Giganten benannt wurde, der Götter zeugte und sie aufaß. Deshalb wird Sie jeder gute Astrologe davor warnen, ohne einen Freifahrtschein des Universums mit dem Saturn Schabernack zu treiben. Dafür gibt es gute Gründe. Gemäß dem Gesetz des Universums ist Saturn verantwortlich für das Wachstum Ihrer Seele. Nach der astrologischen Überlieferung trifft seine Position am Himmel zum Zeitpunkt Ihrer Geburt eine Aussage über das Versprechen Ihrer Seele, wie und wann Sie in diesem Leben Ihr Wachstum voranzubringen gedenken.

Weil es für die Seele so viel leichter ist, ein solches Versprechen abzugeben, als für Körper und Geist, es dann auch zu erfüllen, offenbart Ihnen die Position Saturns in Ihrem Horoskop, in welchem Bereich Sie das Knallen welcher bestimmten kosmischen Peitsche zu erwarten haben, damit und bis Sie vorankommen. Zwar hat der Kosmos Ihrer Seele die persönliche Verantwortung für das übertragen, was in dieser Inkarnation zu Ihrem Besten ist, doch Saturn obliegt es, dafür zu sorgen, dass Sie es auch wirklich bekommen. Wenn es also um die Saturn-Klausel in Ihrem Vertrag mit dem Universum geht, dann tun Sie besser daran, nichts zu erwarten, wofür Sie nicht auch gearbeitet haben. Noch klüger ist es allerdings, für alles, was Sie wirklich wollen, auch zu arbeiten. Der gestrenge Lehrmeister des Kosmos akzeptiert keinerlei Ausreden und lässt Sie die Auswirkungen Ihres Tuns und Nichttuns ohne Wenn und Aber spüren. Entkommen können Sie dem nicht, denn der Saturn ist zwar nicht eben der aufregendste Planet in Ihrem Horoskop noch der Stern mit der größten Strahlkraft am Himmel, aber im gewaltigen kosmischen Plan fällt ihm mehr als nur die Aufgabe zu, Sie zu einem verantwortungsbewussteren Menschen zu machen. Ihm steht alle Zeit, Autorität und Macht zur Verfügung, um das, was geplant ist, auch tatsächlich geschehen zu lassen.

Die wenigsten Menschen wissen, dass Saturn vor der Erfindung des Teleskops weit mehr war als der sechste Himmelskörper, der sich auf einer Umlaufbahn um die Sonne befindet. Bis zum Ende des achtzehnten Jahrhunderts markierte er schlicht den Endpunkt der gesamten Schöpfung. Für die Astronomen jener fast vorsintflutlichen Zeit war er der letzte Planet am äußersten Rand des Kosmos, der für seine Rotation um die Sonne unvorstellbare neunundzwanzigeinhalb Jahre benötigte. Während wir es heute besser wissen, gab es damals auf der Erde niemanden, der weiter sehen konnte als bis zu diesem Planeten, und es war daher wissenschaftlich sicher anzunehmen, dass jenseits von Saturn nichts mehr sein konnte. Wer hätte sich in einem Zeitalter, als die mittlere Lebenserwartung kaum mehr als dreißig Jahre betrug, vorstellen können, dass irgendetwas am Himmel für seinen Weg um die Sonne fast so lange brauchen könnte, wie der durchschnittliche Mensch unter ihr zu leben erwarten durfte? Die wenigsten. Jedenfalls so lange nicht, bis unsere Vorfahren in den Himmel starrten und behaupteten, dass der sechste Planet genau das tat. Im wahrsten Sinne des Wortes. Er steckte das äußerste Ende des Universums mit seiner genau ein Menschenleben andauernden Umkreisung der Sonne ab. Gemäß den Berechnungen unserer alten Astronomen befand sich Saturn nicht nur da oben und verfolgte seinen endlosen, aber kühnen Weg um die Sonne in einer für den Menschen kaum vorstellbaren Entfernung, er tat es auch mit der Zuverlässigkeit und Präzision eines kosmischen Uhrwerks. Kein Wunder, dass sie ihn als den »gestrengen Lehrmeister des Universums« bezeichneten. Soweit es diese Astronomen durchschauten, hielt dieser der Sonne entrückte Himmelskörper ganz allein nicht nur den Kosmos aufrecht, sondern auch das Universum zusammen.

Das konnte in der alten Welt nur eines bedeuten: Saturn war nichts Geringeres als göttliche Inspiration. Und das wiederum hieß für die Menschen, die auf der Erde wohnten, dass dieser gottverlassene Planet gar nicht der unglückseligste im Sonnensystem war, sondern nur der, der sich den größten Herausforderungen zu stellen hatte. Trotz allem, woran die Leute im Mittelalter glaubten, sahen sie doch, dass Saturn da oben nicht deshalb am Rande der Hölle durch den Himmel schwebte, damit er dort für die müde Welt all ihre Plackerei, ihr Elend und die bevorstehenden schweren Zeiten plakatierte. Wohl kaum. Die klügsten Köpfe jener Zeit meinten, Saturn sei dort mitten im kosmischen Nirgendwo, weil die Menschen ein universelles Vorbild dafür benötigen, wie man mit Schwierigkeiten fertig wird, und einen astronomischen Einfluss, der stark genug ist, um dafür zu sorgen, dass es auch geschieht. Wenn die Seele jemals erwachsen werden sollte, dann würde der Körper am gleichen Strang ziehen müssen. Und das heißt, dass wir sowohl eine Struktur brauchten, damit wir unser kosmisches Versprechen halten können, als auch die verhasste Disziplin, die erforderlich ist, um das zu überwinden, was uns bisher am Halten unseres Versprechens gehindert hat. Mit einem Wort, wir brauchen etwas, was uns an unsere Verantwortung gemahnt. An dieser Stelle kommt Saturn ins Spiel. Wir treten unsere irdische Reise als Menschen mit einem fehlerhaften Elternpaar an, das viele Fehler macht, aber dafür zu sorgen hat, dass unsere emotionale, psychologische und körperliche Entwicklung in den richtigen Bahnen verläuft. Um die gute Entwicklung unserer Seele zu gewährleisten, bedarf es also der Ausrichtung an einem Ideal, das eher so etwas wie Erleuchtung symbolisiert, und nicht an dem funktionsgestörten Rollenmodell, das uns die alles andere als vollkommenen Eltern vorleben, in deren biologischer Verantwortung unsere Existenz liegt. Unser Erfolg auf Erden macht eine universelle Autorität erforderlich, die dafür sorgt, dass an der Lösung der schwierigen Aufgaben in der richtigen Weise gearbeitet wird; eine Instanz, die immer bereit ist, für die Einhaltung der höchsten Standards zu sorgen, die strengsten Strafen durchzusetzen und die unerbittlichsten Beschränkungen zu wahren; eine Instanz, die uns zwingt, die uns vom Universum gesetzten Grenzen zu respektieren, und dennoch darin unterstützt, unsere persönlichen Limitierungen zu überwinden. Als planetarer Himmelspatriarch hat Saturn dabei-

von uns hier unten nur das zu fordern, was er selbst da oben so großartig praktiziert: verantwortungsbewusste Selbstdisziplin.

Was bedeutet Saturn nun in unserem individuellen Geburtshoroskop? Genau das, was er auch am mittelalterlichen Himmel widerspiegelte: Begrenzung, harte Arbeit und Hindernisse. Er steht ebenso für das, was man erreichen kann, wenn man diese Hindernisse überwindet: den Erfolg. Wenn wir klug genug sind, um zwischen den astrologischen Ringen zu lesen, dann offenbart uns unser Geburtssaturn sogar unsere ganz persönliche unfehlbare Formel für das Erreichen unseres Ziels, denn seine Position am Himmel zum Zeitpunkt unserer Geburt sagt uns nicht nur, wie wir gestern Ansehen gewonnen, Verantwortung übernommen und Respekt erworben haben, sondern auch, in welchen Bereichen wir bereit waren, hart zu arbeiten, die Regeln zu respektieren und Zeit zu investieren.

Wie? Nun, lassen Sie uns erst einmal sehen, was Saturn kurz zusammengefasst in Kombination mit den einzelnen Tierkreiszeichen zu bedeuten hat:

♄ *Widder:* Erfolg und Ehre wurden verdient durch die Missachtung von Gefahren und mutige Taten als Anführer in schwierigen Zeiten.

♄ *Stier:* Erfolg und Künstlerstatus wurden verdient durch das Sichern wertvoller Aktivposten und das Hervorbringen greifbarer Ergebnisse in Zeiten großen Mangels.

♄ *Zwillinge:* Erfolg und akademisches Ansehen wurden verdient durch verantwortungsbewusste Verbreitung von Nachrichten und Erzeugnissen sowie die Förderung von Personen in Zeiten von Gefahr oder Entbehrung.

♄ *Krebs:* Erfolg und historischer Status wurden verdient

durch den Schutz häuslicher Stabilität, die Versorgung mit emotionaler Nahrung und das Bewahren der Vergangenheit.

♄ *Löwe:* Erfolg und Ruhm wurden verdient durch die furchtlose Zurschaustellung von Führungsqualitäten und glänzende kreative Leistungen.

♄ *Jungfrau:* Erfolg und technisches Expertentum wurden verdient durch das fleißige, für Mitmenschen dringend notwendige Erledigen von Routineaufgaben.

♄ *Waage:* Erfolg und sozialer Status wurden verdient durch die liebenswürdige Schaffung von Schönheit, das Aufrechterhalten von Harmonie und die Herstellung von Gerechtigkeit für jene, denen all dies fehlte.

♄ *Skorpion:* Erfolg und Macht wurden verdient durch die meisterhafte Aufrechterhaltung großer emotionaler Kraft und durch Erfindungsreichtum in Zeiten von Krisen oder Katastrophen.

♄ *Schütze:* Erfolg und Wohlstand wurden verdient durch löbliche Handlungen der Großzügigkeit, die Aufrechterhaltung idealistischer Prinzipien und das heldenhafte Einstehen für Benachteiligte.

♄ *Steinbock:* Erfolg und berufliche Auszeichnung wurden verdient durch das Aufbringen gewaltiger Selbstdisziplin, Ehrgeiz und Integrität in Zeiten großen Mangels.

♄ *Wassermann:* Erfolg und Freiheit wurden verdient durch geniale intellektuelle Beiträge zur Erhebung der Menschheit sowie zum Fortschritt von Wissenschaft und Technik.

♄ *Fische:* Erfolg und spirituelles Ansehen wurden verdient durch Handlungen gewaltiger physischer Opferbereitschaft und durch großen emotionalen Dienst an anderen.

Es ist immer hilfreich, zu wissen, wie man im vorangegangenen Leben auf die Erfolgsleiter gelangt ist. Noch hilfreicher aber ist es, zu wissen, wo diese Leiter im gegenwärtigen Leben steht. Hierzu müssen wir feststellen, in welchem Haus sich Saturn in Ihrem Horoskop aufhält, denn in der karmischen Astrologie finden wir dort die Aussage darüber, wo in der aktuellen Inkarnation auf uns Status und Ansehen warten. Leider aber reflektiert die Plazierung Saturns in unserem Horoskop lediglich das karmische Versprechen unserer Seele, in diesem Leben all das zu erreichen, was ihr im letzten Leben nicht gelungen ist. Natürlich kann Saturn nur deshalb für dieses Mal unsere weltlichen Leistungen vorhersagen, weil er die Hindernisse zeigt, die wir bewältigen müssen, um ans Ziel zu gelangen. Besiegen müssen *wir* sie, egal, wie schwierig oder unüberwindlich sie auch scheinen, denn das Haus, in dem sich bei uns Saturn befindet, steht für die Klausel in unserem Vertrag mit dem Universum, in der wir versprochen haben, unseren Erfolg damit zu bezahlen, dass wir an uns selbst arbeiten. Wenn wir unser Wort halten, dann ist das Universum immer schnell dabei, uns mit dem Status, Ansehen und Erfolg zu belohnen, die wir verdienen. Daran fehlt es nie. Wenn wir es brechen, dann erinnert uns Saturn in Windeseile daran, dass echter Erfolg nur dann möglich ist, wenn zuvor der Charakter des Menschen gestärkt wurde. Somit sind die in unserem Saturnhaus festgelegten Bedingungen eigentlich recht einfach: Nur wenn wir ein besserer Mensch werden, können wir auch erfolgreich sein. Damit will der Kosmos zum Ausdruck bringen, dass wir die tiefe Angst oder das Unzulänglichkeitsgefühl überwinden müssen, das uns beim letzten Mal am Erfolg gehindert hat. Saturn zufolge heißt dies, dass wir uns in unser Saturnhaus begeben und uns dort »im richtigen Leben« einer Sache stellen müssen, die wir in der letzten Inkarnation nicht bewältigt haben.

Kein Wunder, dass wir uns zunächst so unzulänglich und deprimiert fühlen angesichts der Lebensbereiche, die unser Saturnhaus symbolisiert. Das ist hart, aber wie sonst könnten wir motiviert werden, den Kampf mit den gleichen Hindernissen erneut aufzunehmen und endlich den Gipfel des Erfolgs zu erstürmen, auf dem der Kosmos uns sehen will – wenn nicht durch das verzweifelte Gefühl des Ungenügens angesichts unseres zurückliegenden Versagens? Welches bessere Mittel könnte es geben, um uns dazu zu bringen, dass wir unser Leben in dieser Welt verdienen, als uns gleich von Anfang an auf einen Platz zu verweisen, der dafür sorgt, dass wir uns wertlos fühlen?

Willkommen im Saturnhaus, dem einzigen Feld im Horoskop, das von uns verlangt, erwachsen zu werden oder zu sterben. Nun ja, vermutlich sterben wir nicht gleich durch irgendeine der lähmenden Unsicherheiten oder schweren Verantwortungen, die zu schultern wir in diesen öden Ausgrabungsstätten gezwungen sind, doch wird es Zeiten geben, in denen wir uns genau so fühlen und wünschten, es wäre nur bald alles zu Ende. Dann tut Saturn seine Pflicht, indem er uns unseren Anteil an schwerer Bestrafung, düsterer Beschränkungen und aus irgendwelchen sadistischen Gründen auch noch die schmerzhaften Unzulänglichkeiten unseres irdischen Vaters auferlegt.

Das sollte uns nicht überraschen. Denn das Saturnhaus ist jenes, in dem uns die Begegnung mit der ersten Autoritätsfigur in unserem Leben oder zumindest mit unserer Vorstellung von ihr zutiefst beeindruckt, nicht zuletzt deshalb, weil wir hier mit dem Universum verabredet haben, selbst zu einer zu werden. Das Saturnhaus ist jenes, in dem wir unsere ganze

Geduld und unseren gesamten Ehrgeiz einbringen müssen, denn unsere Seele hat dem Kosmos versprochen, dass wir im gegenwärtigen Leben in diesem Bereich Ansehen erwerben.

Folglich steht unser Saturnhaus für den Bereich, in dem auch noch das kleinste Ziel und der geringste Erfolg einen hohen Einsatz an Tatkraft und Zeit verlangen. Ja, in der überwiegenden Zahl der Fälle sind nicht weniger als neunundzwanzigeinhalb Jahre erforderlich. Warum? Weil der Kosmos von uns verlangt, wenigstens so viel Zeit zu investieren, wie Saturn braucht, um die Sonne einmal zu umrunden, und dabei zu lernen, dass echte Autorität nicht ohne Verantwortung und wahrer Erfolg nicht ohne Einsatz erworben werden kann. In jedem Horoskop ist es das Saturnhaus, das uns diesen Lernprozess abverlangt.

Dabei ist die vorzügliche Bewältigung jenes Lernstoffs nicht nur der einzige Weg, der im Diesseits nach oben führt, sie ist auch, noch wichtiger, der einzige Weg für die Seele aus unserer materiellen Welt hinaus. Während uns die praktische Astrologie lehrt, dass wir unsere Saturnlektion gelernt haben, wenn der Planet nach neunundzwanzigeinhalb Jahren zurückkehrt, wissen wir durch die karmische Astrologie, dass die Lektion vor Ablauf der neunundzwanzigeinhalb Jahre nicht gelernt werden kann, weil wir eben genau so viel Zeit investieren sollen. Deshalb erreichen manche Menschen den angestrebten Erfolg oder Status nicht, bevor sie fünfundvierzig oder fünfzig Jahre alt sind – oder, was noch schlimmer ist, manche erreichen ihn gar nicht. Zum Glück müssen wir nicht zu jenen unglücklichen Letzteren gehören, wenn wir nur eines verinnerlichen: Unser Geburtssaturn ist unsere neunundzwanzigeinhalbjährige Lektion, und das Haus, in dem sich der Saturn in unserem Horoskop befindet, ist unser karmisches Klassenzimmer.

Das Absolvieren unseres persönlichen Stundenplans in unserem persönlichen Saturnhaus ist keine Tollerei im astrologischen Park, denn es geht um mehr als nur darum, den besten Weg zu finden, der uns zu dem Menschen macht, der in diesem Leben zu werden wir versprochen haben. Dieser Weg ist nicht der beste, sondern der einzige, der uns in jene höhere Seele verwandelt, die wir im nächsten Leben sein müssen. Es ist der schwere Pfad der Disziplin.

Inzwischen wissen wir, dass Saturn nicht der am weitesten entfernte Planet ist, wie man in früheren Zeiten glaubte. Damals wusste man noch nicht, dass dieser Planet schon immer etwas sehr viel Bedeutenderes darstellte: die erste Erfolgsgeschichte des Universums, desjenigen, der von weit fort kam und an die Spitze gelangte, indem er trotz des Schlimmsten sein Bestes gab. Ja, aus diesem Grund ist Saturn bis zum heutigen Tag der einzige astrologische Einfluss, der Disziplin in unser Leben trägt. Vor langer, langer Zeit, als wir es am allernötigsten hatten, war Saturn die erste universelle Kraft, die unserem Bewusstsein Grenzen schenkte.

Saturn im ersten Haus
♄ *in* 1

Die karmische Lektion für Ihre Seele in diesem Leben heißt physische Unabhängigkeit. Sie werden also erdrückende Unsicherheit, schwere Verantwortung und erbarmungslose Beschränkungen in den für Ihre persönliche Entwicklung entscheidenden Segmenten Ihres Lebens erfahren: im Bereich

Ihrer frühen Kindheit, Ihres physischen Körpers und Ihrer Selbstachtung.

Aus diesem Grund wurde Ihnen in der frühen Kindheit eine körperliche Einschränkung auferlegt wie etwa eine schwierige Geburt, eine angeborene Behinderung oder eine beschränkende Erziehung. All das nur, um Sie in das für Sie vorgesehene deprimierende karmische Klassenzimmer zu treiben. Warum also wurden Ihnen all diese tiefen Gefühle der Unzulänglichkeit mit auf den Weg gegeben, dieses Gefühl, nicht zu wissen, wer Sie sind und wer Sie jemals sein werden? Die Demütigung ist das einzige Mittel, um Sie aus Ihrer Reserve zu locken. Der Aufbruch wird Ihnen nie gelingen, wenn Sie nicht anfangen, an sich selbst zu arbeiten. Bevor Sie die vollständige Unabhängigkeit erlangen können, um die Sie sich im materiellen Leben beworben haben, müssen Sie sie, so will es der Kosmos, neunundzwanzigeinhalb Jahre lang verdienen. Weniger reicht nicht aus, denn dem Saturn zufolge ist genau diese Zeit erforderlich, um das disziplinierte Ego, die verantwortungsbewusste Selbstgenügsamkeit und die erwachsene Zuverlässigkeit zu entwickeln, die Voraussetzung für echte Unabhängigkeit sind.

Die eigenen größten Ängste zu identifizieren und die schlimmsten von ihnen mutig zu überwinden, das kann nicht über Nacht gelingen – nur im Lauf der Zeit, und zwar von Ihnen ganz allein. Ja, der physische Erfolg, nach dem Sie sich sehnen, kann erst Wirklichkeit werden, wenn Sie dem Universum beweisen, dass Sie Ihre Abscheu vor sich selbst abgelegt haben.

Zum Glück hat Saturn im ersten Haus auch eine gute Seite. Er vergrößert mit jeder Anstrengung nicht nur Ihr Stehvermögen, sondern fast immer auch Ihren Status. Sie sind also bestens ausgerüstet, um ganz autark Ihre schwierigsten

Herausforderungen zu bewältigen und Ihre größten Hindernisse aus dem Weg zu räumen. Einen Haken hat die Angelegenheit jedoch auch hier, nämlich dass Sie häufig *selbst* Ihre größte Herausforderung und Ihr größtes Hindernis sind.

Saturn im zweiten Haus
♄ *in* 2

Die karmische Lektion für Ihre Seele in diesem Leben heißt materielle Sicherheit. Sie werden also erdrückende Ungewissheit, schwere Verantwortung und erbarmungslose Beschränkungen in den für Ihre persönliche Entwicklung entscheidenden Bereichen Ihres Daseins erfahren, die für das Erlangen von handfesten Sachwerten maßgeblich sind. Betroffen sind Ihr Einkommen und Ihre finanziellen Quellen, insbesondere aber Ihr persönliches Eigenkapital.

Kein Wunder, dass Sie bereits früh im Leben schwere Ängste aushalten mussten, was Ihre wirtschaftliche Lage betraf, denn Sie sind unter Umständen aufgewachsen, in denen für die Befriedigung Ihrer Grundbedürfnisse nicht gesorgt war oder in denen Autoritätsfiguren sich nicht ausreichend um Sie kümmern konnten. Mit materiellen Entbehrungen bekommt Saturn Sie in sein karmisches Klassenzimmer, und mit der Last eines tiefen Gefühls von finanzieller Unsicherheit will er Sie voranbringen. Es gibt keine bessere Motivation für das Erreichen materiellen Erfolgs als die tiefe, wenn auch unrealistische Angst vor der Armut. Und dem Kosmos zufolge keine wichtigere Lektion für Sie, um zu lernen, dass der Wert Ihres Besitzes von der Höhe Ihrer Wertschätzung abhängt. Deshalb zwingt Saturn Sie im zweiten Haus, dieses Mal ohne all das auszukommen, was Ihnen beim letzten Mal zur Verfügung stand.

Sie haben gelernt, in sich nach dem zu suchen, was jetzt für Sie von Wert ist. Hierzu müssen Sie jedoch zunächst ein verlässliches Wertesystem entwickeln und entsprechend in der Praxis danach leben. Denn bevor der Kosmos nicht davon überzeugt ist, dass ethisch-moralisch vertretbares Einnehmen und gemeinnütziges Ausgeben nicht Ihre normalen Verhaltensstandards sind, werden sich körperliches Behagen und materielle Befriedigung bei Ihnen nicht einstellen. Wenn Ihr Geld auf verantwortungsbewusste, großzügige und disziplinierte Weise abfließt, dann wird Saturn immer dafür sorgen, dass es bei Bedarf zu Ihnen zurückkehrt, manchmal sogar auf wundersame Weise. Falls Saturn in Ihrem Haus der wertvollen Dinge das Sagen hat, dann ist es kein Geheimnis, dass Sie eines Tages all die materiellen Güter besitzen werden, die Ihr Herz begehrt. Nicht jedoch, bevor Sie ein Alter von mindestens neunundzwanzigeinhalb Jahren erreicht haben, denn zuvor müssen Sie für sich erst das eine erlangen, das man mit Geld nicht kaufen kann: Selbstwertgefühl.

Saturn im dritten Haus
♄ in 3

Die karmische Lektion für Ihre Seele in diesem Leben heißt intellektuelle Entwicklung. Sie werden also erdrückende Unsicherheit, schwere Verantwortung und erbarmungslose Beschränkungen in den für Ihre persönliche Entwicklung entscheidenden Bereichen Ihres Lebens erfahren, die für Ihr unmittelbares Lernumfeld von großer Bedeutung sind. Betroffen sind Ihre Grundschulausbildung, Ihre nachbarschaftlichen und näheren verwandtschaftlichen Beziehungen, insbesondere aber Ihre sozialen Netzwerke.

Genau aus diesem Grund ist Ihnen in frühen Jahren das Lernen so schwergefallen, und deshalb mussten Sie sich später auch mit einem eher unterdurchschnittlichen Lernangebot zufriedengeben. So unbarmherzig stellt sich Saturns karmisches Klassenzimmer der beschränkten Erziehung dar, und die Voraussetzungen für den Eintritt sind ausgerechnet bestimmte Formen von Lernschwächen, schulische Nachteile oder sprachliche Mängel. Ihr damit einhergehendes tiefes Empfinden Ihrer intellektuellen Unzulänglichkeit stellt den narrensicheren Anreiz dar, das Klassenzimmer nach erfolgreichem Abschluss auch wieder zu verlassen. Machen Sie sich also keine Sorgen. Ihr Saturn im dritten Haus stellt die erforderlichen Bedingungen her, und deshalb haben Sie sich als Kind in Ihrer eigenen Familie, in Ihrem Klassenzimmer und in Ihrer Nachbarschaft oft genug als intellektueller Außenseiter gefühlt. Wie sonst hätte man Sie dazu bringen können, die benötigten und von Ihrer Seele zugesicherten zuverlässigen Netzwerke aufzubauen und verantwortungsbewusste Kommunikationsfertigkeiten zu entwickeln, wären da nicht Geschwister, Klassenkameraden und Nachbarn gewesen, die Sie ausgeschlossen, zurückgesetzt und ausgegrenzt hätten? Sie hätten es ohne diesen Anreiz nicht geschafft. Deshalb müssen Sie jetzt Ihre intellektuellen Ärmel aufkrempeln und sich mit der Gemeinschaft verbinden, indem Sie zur Quelle von verlässlichen Informationen, Zuverlässigkeit und praktikabler Ideen werden.

Der Kosmos sorgt dafür, dass Sie erst dann den angestrebten weltlichen Erfolg erreichen, wenn Sie zuvor die intellektuelle Anerkennung erlangt haben, die Ihnen bisher fehlte. Dies kann nach dem Willen Saturns nicht gelingen, ehe Sie nicht wenigstens neunundzwanzigeinhalb Jahre darein investiert haben, die geistige Disziplin und die soziale Reife zu entwickeln, die eine solche Zielsetzung voraussetzt. Offenbar werden Sie nie aufhören, sich von Worten herausgefordert oder von Informationen eingeschüchtert zu fühlen, bis Saturn zu der Überzeugung gelangt ist, dass Sie mit beidem gegenüber der Gemeinschaft verantwortungsvoll umgehen.

✳ *Saturn im vierten Haus*
♄ *in* 4

Die karmische Lektion für Ihre Seele in diesem Leben heißt häusliche Stabilität. Sie werden also erdrückende Unsicherheit, schwere Verantwortung und erbarmungslose Beschränkungen in dem für Ihre persönliche Entwicklung entscheidenden Bereich emotionale Sicherheit erfahren. Betroffen sind Ihre Familie, die häusliche Umgebung und Ihre Heimat, doch insbesondere die Förderung, die Sie als Kind erhielten, Ihre Mutter und der frühe Teil Ihres Lebens im Elternhaus.

Kein Wunder also, dass Sie in der frühen Kindheit zu Hause entweder unter emotionaler Vernachlässigung zu leiden oder es mit einem Elternteil zu tun gehabt hatten, der zu psychologisch zweifelhaften Strafmaßnahmen neigte, emotional unerreichbar oder aufgrund von Alter, Krankheit oder anderer

Härten ans Haus gebunden war. Willkommen im karmischen Klassenzimmer der emotionalen Verunsicherung! Mangelnde Fürsorge ist Saturns einziges Erfordernis für den Zutritt, denn Ihre tiefe Angst vor emotionaler Zurückweisung ist Ihre alleinige Motivation für den späteren Austritt. Da überrascht es nicht, dass Sie zu Hause ohne bedingungslose Liebe und Zuspruch auskommen mussten. Sie haben gelernt, die benötigte mütterliche Akzeptanz irgendwie in sich selbst zu finden, doch das gelingt Ihnen nur, wenn Sie sich all die kritischen, strengen und inflexiblen emotionalen Reaktionen, die Sie als Kind gelernt haben, abgewöhnen und den kritischen, strengen und inflexiblen Betreuern, die sie Ihnen beigebracht haben, verzeihen. Das wird Ihnen irgendwann im Alter von mindestens neunundzwanzigeinhalb Jahren gelingen, denn das ist der Zeitpunkt, zu dem die weniger als vollkommenen Menschen, die Sie aufgezogen haben, erkennen, dass Sie sich um sich selbst kümmern können.

Leider ist das auch der Augenblick, in dem Sie feststellen, dass *Sie* jetzt dran sind, sich um jene Menschen zu kümmern. In diesem Haus werden die Eltern zur Last, denn hier besteht Saturn nicht nur darauf, dass Sie Ihre eigene Quelle für emotionale Fürsorge werden, sondern verlangt von Ihnen außerdem, dass Sie den unzulänglichen Stammesmitgliedern, die Ihnen vorausgingen, Mitgefühl zeigen. Ja, der Kosmos hat Sie dazu ausersehen, das liebevolle Zuhause und die fürsorgliche Familie zu begründen, die Ihnen selbst versagt geblieben sind. Da Saturn jedoch der Herr Ihres vierten Hauses ist, werden Sie zunächst die Mauern des Grolls einreißen müssen, die Sie als Erwachsener errichtet haben.

Saturn im fünften Haus
♄ in 5

Die karmische Lektion für Ihre Seele in diesem Leben heißt persönliche Auszeichnung. Sie werden also erdrückende Unsicherheit, schwere Verantwortung und erbarmungslose Beschränkung in Ihrem für Ihre persönliche Entwicklung entscheidenden individuellen Selbstausdruck erfahren. Betroffen sind die freudigen, kreativen und künstlerischen Bereiche des Lebens, insbesondere aber Ihre kreativen Werke, Ihre Leidenschaften und Ihre Kinder.

So erklärt sich, warum Ihre Selbstachtung als Kind so extrem verletzt wurde, Sie die Behinderung Ihres kreativen Ausdrucks erfahren mussten und es Ihnen an Spaß und Freude mangelte. Das ist das karmische Klassenzimmer der »Spielverderber-Elternschaft«. Die Zugangsvoraussetzung für dieses Saturnhaus ist ein Gefühl der Wertlosigkeit und Unscheinbarkeit in den prägenden Jahren. Ihr Antrieb für die Befreiung aus solchen Umständen ist Ihr resultierender fortdauernder Minderwertigkeitskomplex. Wie sonst könnten Sie dazu motiviert werden, sich die angestrebte Ehre und den Ruhm zu erarbeiten, wenn nicht durch Ihre feste Überzeugung, dass Sie es erst noch erreichen müssen, Stolz und Freude Ihrer Eltern zu sein? Kein Wunder also, dass all die bedingungslose Liebe, Aufmerksamkeit und Zustimmung, nach der Sie sich damals so gesehnt haben, so deprimierend schwer zu erlangen waren. Das geschah, damit Sie lernen, selbst Ihre Starqualitäten zu erkennen, wenn auch Ihre Mutter es nicht tat, selbst Ihre künstlerischen Leistungen zu würdigen, wenn es auch Ihrem Vater nicht möglich war, und selbst Ihre eigenen Lebensfreude zu fördern, wenn die Erwachsenenwelt sich dafür nicht zuständig fühlte.

Das heißt, Sie wurden gezwungen, Ihre Begabungen dort einzubringen, wo ein lebensfroher Künstler es am nötigsten hat
und wo Ihr Saturn im fünften Haus es verlangt: in ein starkes
Selbstwertgefühl. Darum kommen Sie nicht herum, denn vor-
her kann Ihr Leben nicht prickeln, Ihre Liebe nicht schäumen
und Ihr Werk niemanden beeindrucken, auch nicht Ihre
Kinder.
Wie denn auch? Denn der Kosmos gewährt persönliche
Auszeichnung nur dann, wenn Sie Ihr zerbrechliches Ego ins
kreative Rampenlicht stellen und mutig Ihre Leidenschaft
sichtbar machen. Neunundzwanzigeinhalb Jahre gewährt
Ihnen Saturn wenigstens, um zu lernen, wie man im Leben
emotionale Chancen wahrnimmt. Doch die Mitte der Bühne
erreichen Sie erst, wenn Sie selbst bereit sind, kreative Risiken
einzugehen.

Saturn im sechsten Haus
♄ in 6

Die karmische Lektion für Ihre Seele in diesem Leben heißt
physische Produktivität. Sie werden also erdrückende Unsicherheit, schwere Verantwortung und erbarmungslose Beschränkung in dem für Ihre persönliche Entwicklung entscheidenden Bereich der physischen Leistungsfähigkeit, Ihrer
Arbeitskraft, Gesundheit und Fitness erfahren. Betroffen sind
die Bewältigung Ihrer Alltagsaufgaben und Ihrer Routinen
sowie die Aufrechterhaltung Ihrer körperlichen Leistungsfähigkeit, mit einem Wort: die alltägliche Schinderei.

Kein Wunder, dass Sie in Ihrer Kindheit unter den Demütigungen immer unzufriedener Eltern sowie einer fortwährend kritisierenden und streitenden Familie zu leiden hatten. So ist das Saturnhaus der selbsternannten Fußabtreter, das karmische Klassenzimmer physischer Unfähigkeit und intellektueller Unzulänglichkeit beschaffen. Ihr von anderen erzeugtes Gefühl, unfähig zu sein, auch nur irgendetwas richtig hinzubekommen, ist Ihre einzige Zugangsvoraussetzung. Und die Ihnen im Verlauf des Prozesses eingeprägte irrationale Verantwortung dafür, aber auch alles zu reparieren, was nicht richtig funktioniert, ist Ihre einzige Motivation für den späteren Austritt.

Dass Sie schon in jungen Jahren dazu angehalten wurden, ein überwältigendes Pflichtgefühl zu entwickeln, ist die beste Voraussetzung für die Entwicklung derjenigen Fertigkeiten, die für die Verbesserung unseres Alltags erforderlich sind. Dafür sorgt der Saturn im sechsten Haus. Deshalb auch schienen Sie in jungen Jahren immer derjenige zu sein, der mehr Arbeit, mehr Sorgen und mehr Widerstände zu bewältigen hatte als alle anderen. Später dann haben Sie gelernt, für Ihre Mitmenschen von praktischem Nutzen zu sein. Dieser Prozess kann jedoch nicht zum Abschluss kommen, bevor Sie nicht wenigstens neunundzwanzigeinhalb Jahre alt sind, denn Saturn zufolge haben Sie erst dann das technische Wissen und die spezialisierten Fertigkeiten erworben, die entscheidend sind, wenn es darum geht, unsere Welt effizienter und die Ihre einträglicher zu gestalten.

Da sich Saturn in Ihrem sechsten Haus befindet, hängt Ihr Erfolg nicht nur davon ab, dass Sie aufhören, sich über die hohen Anforderungen zu beklagen, die andere an Sie stellen, sondern auch von Ihrer Bereitschaft zu den nötigen physischen Opfern, die erforderlich sind, um ihnen zu genügen. Bis Ihnen dies gelingt, werden Sie nur schwer gute Jobs finden, gute Arbeitgeber nur selten behalten und eine wirklich gute Gesundheit kaum erlangen. Der Erfolg bleibt Ihnen so lange versagt, bis Sie Saturn davon überzeugt haben, dass Sie für die Gemeinschaft tatsächlich von Nutzen sind.

Saturn im siebten Haus
♄ in 7

Die karmische Lektion für Ihre Seele in diesem Leben heißt gemeinschaftliches Engagement. Sie werden also erdrückende Unsicherheit, schwere Verantwortung und erbarmungslose Beschränkung in dem für Ihre persönliche Entwicklung entscheidenden Bereich erfahren, der maßgeblich ist für das Aufnehmen von bedeutenden Zweierbeziehungen. Betroffen sind Ehen, berufliche Partnerschaften und vertragliche Verpflichtungen in Ihrem Leben, insbesondere aber die für Sie ganz besonders wichtigen Mitmenschen.

Aus diesem Grund war in Ihrer Kindheit Ihre Beziehung zu Autoritätspersonen im Allgemeinen und zu Ihrem Vater im Besonderen auf die eine oder andere Weise eingeschränkt, mangelhaft oder unvollständig. Deshalb gehen Sie immer auf der Suche nach »diesem Elternteil« durchs Leben, obwohl Sie doch als Erwachsener eigentlich gleichberechtigte Beziehungen entwickeln sollten. So ist das karmische Klassenzimmer »Papa ist der Beste« beschaffen. Die einzige Zugangsvoraussetzung zu diesem Saturnhaus ist, dass Sie mit Ihren Vaterfiguren noch eine offene Rechnung haben. Und das tiefgreifende Gefühl, sich zu anderen Menschen irgendwie nie richtig in Beziehung setzen zu können, ist Ihr einziger Anreiz für den späteren Austritt. Den kosmischen Regeln zufolge ist das Gefühl, gestern von wichtigen Menschen abgeschnitten gewesen zu sein, die beste Motivation, heute erfolgreich Beziehungen mit anderen zu knüpfen. Das ist auch der Grund, warum in jungen Jahren Ihre ersten Verbindungen zu Autoritätsfiguren Sie unerfüllt zurückgelassen und verunsichert haben. Als Sie älter waren, hat Saturn im siebten Haus Sie gelehrt, die Verantwortung für den Erfolg Ihrer primären Beziehungen zu übernehmen, indem er sie mehr auf die Füße der Gegenseitigkeit gestellt hat.

Diese Lektion kann man nicht in weniger als neunundzwanzigeinhalb Jahren erlernen, weil sie Saturn zufolge die Entwicklung von Gemeinschaftssinn und verantwortungsbewusstem Rückgrat für echtes Engagement und erwachsenes Verhalten voraussetzt. Solange Sie also Macht statt Gleichgestellte suchen, werden Ihnen Ihre Beziehungspartner zur Last, Ihre Beziehungen sich nicht bewähren, und Sie selbst bleiben allein. Da der gestrenge Lehrmeister seine Peitsche im Haus der wichtigen Mitmenschen schwingt, ist es Ihnen vorgegeben, Ihren Erfolg durch den bereichernden Zusammenschluss mit verantwortungsbewussten Erwachsenen zu erlangen – doch leider müssen Sie hierzu zunächst selbst einer von ihnen werden.

Saturn im achten Haus
♄ in 8

Die karmische Lektion für Ihre Seele in diesem Leben heißt intensives Teilen lebensverändernder Ressourcen. Sie werden also erdrückende Unsicherheit, schwere Verantwortung und erbarmungslose Beschränkungen in den für Ihre persönliche Entwicklung relevanten Bereichen erfahren, die entscheidend sind für den Zugang zu den finanziellen, emotionalen oder psychologischen Reserven anderer. Betroffen sind die auf Nähe basierenden und bedeutungsvollen Bereiche des Lebens, insbesondere das finanzielle Guthaben, sexuelle Vorstellungen, mächtige Geheimnisse oder Erfahrungen von Leben und Tod, die Sie mit anderen teilen.

Aus diesem Grund mussten Sie in Ihrer Kindheit eine Art elterlicher Bevormundung ertragen, die Sie darin hemmte, einfachste Emotionen und tiefe Leidenschaften offen zum Ausdruck zu bringen, oder Sie veranlasste, Ihren Appetit und Ihre Wünsche auf zwanghafte Weise zu kontrollieren. Dieses saturnische Überlebenstraining macht eine Kindheit bar aller materiellen Ressourcen zum einzigen Zugangskriterium ins karmische Klassenzimmer. Und das tiefe Gefühl von Unzulänglichkeit, das entsteht, wenn man die ganze Kindheit lang finanziell immer überdeutlich von Dritten abhängig gehalten wird, ist Ihr einziger Anreiz für den späteren Austritt.

Kein Wunder, dass Sie sich schon bei den kleinsten Schritten in Ihrem Leben von anderen abhängig fühlten. Sie mussten lernen, wie Sie das selbst hervorbringen können, was Sie brauchen, um später Zugang zu einer noch größeren Kraft zu finden: Vertrauen. Das führt uns zu der eigentlichen Lektion dieses Hauses – Nähe – und zu der Arbeit, der Sie und Ihre

Seele sich verschrieben haben, nämlich dass Sie die emotionalen Blockaden von gestern überwinden und lernen wollen, sich heute selbst zu vertrauen.

Der Kosmos lässt Sie dieses Ziel allerdings nicht erreichen, bevor Sie bewiesen haben, dass Sie der Macht Ihrer eigenen Instinkte und Wünsche jetzt vollständig vertrauen. Sie sollen Sie weder stoisch leugnen noch ihnen hedonistisch nachgeben, sondern sie verantwortungsbewusst einsetzen, um Ihre Ziele und zuletzt auch Ihren Erfolg zu speisen. Machen Sie sich also an die Arbeit, denn Saturn in Ihrem achten Haus wird Ihnen keinen Zugang zu anderen Machtquellen einräumen, bevor Sie nicht wenigstens neunundzwanzigeinhalb Jahre und etliche knifflige Augenblicke investiert haben, um der Welt zu zeigen, dass Sie die Ihren zu nutzen wissen.

Saturn im neunten Haus
♄ in 9

Die karmische Lektion für Ihre Seele in diesem Leben heißt intellektuelles Wachstum. Sie werden also erdrückende Unsicherheit, schwere Verantwortung und erbarmungslose Beschränkungen in den für Ihre persönliche Entwicklung ausschlaggebenden Bereichen erfahren, die entscheidend sind für Ihre spirituelle Erleuchtung. Betroffen sind Ihr fortgeschrittenes Lernen, die höhere Philosophie und Erfahrungen, die mit großer Entfernung zu tun haben, insbesondere aber das Abenteuer Ihrer Ausbildung.

Ist es da ein Wunder, dass Ihre frühe Entwicklung durch die

fanatischen Überzeugungen, konservativen Grundsätze und die intolerante Haltung eines dominanten elterlichen Einflusses intellektuell zum Erliegen gekommen sind oder faktisch in enge Grenzen gewiesen wurden? Keineswegs. Denn dies ist das karmische Klassenzimmer der »eingeengten Horizonte«. Ihre Überwältigung durch eine düstere Kindheit voller intellektueller, spiritueller oder physischer Einschränkungen ist Ihre Eintrittskarte in dieses Saturnhaus. Die Angst hingegen, dass Sie einfach nicht gescheit genug sein könnten, um diese Einschränkungen zu überwinden, und dass Sie stattdessen von ihnen überwältigt werden, ist Ihr einziger Anreiz, später den Weg aus diesem Klassenzimmer wieder herauszufinden.

So erklären sich all die unverrückbaren Traditionen und die unbarmherzigen Meinungen, die Ihr Lernen in der Kindheit eingeschränkt haben. Sie mussten sich Ihre Antworten und die benötigte Ausbildung anderswo zusammensuchen, an einem Ort jenseits der Begrenzungen und geistigen Schranken Ihrer Kindheit. In großer Entfernung finden Sie nicht nur Ihre erhoffte höhere Ausbildung, dort wird Ihnen auch Ihr irdischer Erfolg garantiert. Doch beides erlangen Sie nicht, bevor Sie Saturn nicht wenigstens neunundzwanzigeinhalb Jahre lang bewiesen haben, dass Sie viel abenteuerlustiger sind als Ihre Eltern und weniger Vorurteile haben als sie. So lange dauert es für gewöhnlich, bis Sie sich unter größtmöglicher Gegenwehr über den gefürchteten Horizont zu Ihrem ersten Anderswo ziehen lassen. Es wäre besser, Sie gingen freiwillig, denn solange Sie noch an den falschen Orten nach Wissen suchen und bis Sie endlich anfangen, Wahrheiten zu verbreiten, die nicht vor Selbstgerechtigkeit strotzen, werden Sie niemals so »weitgereist« sein, wie Sie es gern wären, und keineswegs so gut ausgebildet, wie Sie sein sollten.

Saturn zufolge werden Sie erst weise, wenn Sie aufhören, die

Welt mit Ihren Kenntnissen einzuschüchtern, und anfangen, Ihre Erleuchtung zu fördern. Erst auf diesem Weg werden Sie erwachsen.

Saturn im zehnten Haus
♄ in 10

Die karmische Lektion für Ihre Seele in diesem Leben heißt irdischer Erfolg. Sie werden also erdrückende Unsicherheit, schwere Verantwortung und erbarmungslose Beschränkungen in den für Ihre persönliche Entwicklung ausschlaggebenden Bereichen erfahren, die für das Erlangen jedweder offizieller Verantwortung entscheidend sind. Betroffen sind Ihr berufliches Vorankommen und Ihre auf die Öffentlichkeit bezogenen Leistungen, insbesondere aber Ihr Vater, andere Autoritätspersonen und die Öffentlichkeit.

Deshalb mussten Sie aufwachsen, ohne jemals die dringend gewünschte ungeteilte Aufmerksamkeit Ihres Vaters zu erlangen, die so notwendige emotionale Bestätigung durch beide Eltern und ohne den verdienten Applaus aus der Welt der Erwachsenen. Das einzige Zugangskriterium zu diesem karmischen Klassenzimmer der »zu vielen Regeln und zu wenig Anerkennung« waren Ihre, wie Sie meinten, äußerst kalten Eltern in einer wahrlich grausamen Welt. Hingegen ist die irrationale Angst vor gesellschaftlicher Verurteilung oder, noch schlimmer, öffentlichem Versagen Ihr einziger Anreiz dafür, es auch wieder zu verlassen und an die Spitze zu gelangen.

Das führt uns zu der Frage, warum Sie aufwachsen mussten,

ohne als Kind den Einfluss und die Zuneigung Ihres eigenen Vaters zu spüren. Der Kosmos hat von Ihnen verlangt, dass Sie lernten, im Angesicht der Öffentlichkeit Erfolg im Leben zu haben, indem Sie ohne Hilfe mit der kalten, grausamen Welt fertig wurden. Saturn zufolge kann dies nur erreicht werden, wenn Sie wenigstens neunundzwanzigeinhalb Jahre darauf verwenden, die moralische Integrität und verantwortungsbewusste Arbeitsphilosophie zu entwickeln, die für echten Erfolg erforderlich ist, und nicht etwa von blindem Ehrgeiz genährte gewissenlose Taktiken und mörderische Vorgehensweisen.

Falls Sie Saturn nicht davon überzeugen können, dass Sie genug Zeit investieren, sich an die Regeln halten und vor Anstrengung tüchtig ins Schwitzen geraten, werden Sie nicht die verdiente Anerkennung erhalten, sondern nur unverdiente Vorwürfe. Aber schließlich sollen Sie ja Ihren beruflichen Erfolg auch nicht erreichen, *obwohl* Sie als Kind lieblose Eltern und eine Welt ertragen mussten, sondern Sie werden mit Saturn im zehnten Haus gerade deshalb zu einer ehrenhaften Führungsposition aufsteigen, *weil* Sie diese Kindheit erlitten haben.

Saturn im elften Haus
♄ *in* 11

Die karmische Lektion für Ihre Seele in diesem Leben heißt sozialer Beitrag. Sie werden also erdrückende Unsicherheit, schwere Verantwortung und erbarmungslose Beschränkungen in den für Ihre persönliche Entwicklung ausschlaggebenden gemeinschaftlichen Leistungen erfahren. Betroffen sind die Bereiche idealistische Visionen, Gruppenzugehörigkeit und soziale Mitbestimmung, insbesondere aber Ihre Freunde, Altersgenossen und Kollegen.

Kein Wunder, dass Sie mit einer Überbetonung von Disziplin, Respekt oder Regelbefolgung seitens Ihrer Eltern aufgewachsen sind, mit zu wenig Gelegenheit für Rebellion, Freiheit und für Nonkonformismus oder mit einer zu großen Zahl erziehungsberechtigter dominierender Autoritätspersonen. Der einzige Zugang zu diesem karmischen Klassenzimmer der »Nicht-Zugehörigkeit« erfolgt durch einen Elternteil, der älter, strenger oder ehrlicher war als irgendjemand, den Sie sonst kannten. Der Austritt aus diesem Saturnhaus gelingt allein über das Gefühl, sich in großen Menschengruppen, die nicht in Ihrem eigenen Alter sind, nie so ganz wohl zu fühlen.

Doch wenn Kollegen nicht immer so tyrannisch, Teammitglieder nicht immer so missbilligend und Freundschaften nicht immer so enttäuschend wären, wie sollten Sie je die soziale Kompetenz und die humanitären Ideale entwickeln, für die Sie sich entschieden haben? Es wäre unmöglich. Deshalb hat Saturn dafür gesorgt, dass sie so sind, wie sie eben sind, und dass sie sich jetzt in große Gruppen unterschiedlichster Menschen einfügen, damit Sie Ihre kreativen Energien bündeln und Sie alle, auch die merkwürdigen und Ihnen weit unterlegenen Zeitgenossen, einander inspirieren können.

Es liegt in Ihrer karmischen Verantwortung, einen kraftvolleren Beitrag für die Gesellschaft zu leisten, als es einem Einzelnen normalerweise allein möglich ist. Folglich müssen Sie lernen, wie Sie am wirkungsvollsten mit Gleichaltrigen, insbesondere aber auch mit Spinnern und Unterlegenen, arbeiten, träumen und spielen können. Selbst wenn Sie mit der

Überzeugung aufgewachsen sind, es sei nicht die Anpassung an die Standards der Gesellschaft, die Ihnen die Zustimmung Ihrer Eltern erhate und den Himmel daran hinderte, Ihnen auf den Kopf zu fallen – es ist die aktive Teilnahme an der Gesellschaft. Und um sie einzuüben, brauchen Sie nach dem Willen Saturns mindestens neunundzwanzigeinhalb Jahre ohne Naserümpfen.

Saturn im zwölften Haus
♄ in 12

Die karmische Lektion für Ihre Seele in diesem Leben heißt emotionale Einheit. Sie werden also erdrückende Unsicherheit, schwere Verantwortung und erbarmungslose Beschränkung in Bereichen erfahren, die für die Heilung Ihrer unbewussten Vergangenheit ausschlaggebend sind. Es geht um psychologische Stärke, emotionale Gesundheit und Ihre unsterbliche Seele, insbesondere aber den spirituellen Anteil Ihres Lebens. Deshalb mussten Sie in Ihren prägenden Jahren mit einem schweren Verlust oder einem emotionalen Opfer fertig werden wie etwa einem Vater, der früh in Ihrer Kindheit verschwunden ist, einem abweisenden Elternteil, der Ihre grundlegenden emotionalen Bedürfnisse nicht erfüllen konnte, oder einer ungesunden Erziehung, der es an der Autorität, Stabilität und dem Schutz mangeln ließ, die Sie gebraucht hätten, um sich geborgen zu fühlen. Der einzige Zugang zu diesem karmischen Klassenzimmer der »verlorenen Kindheit« erfolgt über das Gefühl, schon früh physisch, geistig oder emotional verlassen worden zu sein. Ihre einzige Hoffnung, da jemals wieder herauszukommen, besteht in dem resultierenden tiefen Schuld- und Minderwertigkeitsgefühl.

Das Festhalten an der irrationalen Vorstellung, dass Sie von anderen in Ihrem Kampf alleingelassen werden, ist die beste Motivation, um Sie danach streben zu lassen, Teil von einem größeren Ganzen zu werden und sich einer höheren Aufgabe zu verschreiben. Saturn im zwölften Haus lehrte Sie, das bedingungslose Vertrauen, die kreative Vorstellungskraft und die psychische Kraft zu entwickeln, die Sie benötigten, um heute Ihr göttliches Ziel zu erreichen: die Versöhnlichkeit. Es liegt in Ihrer karmischen Verantwortung, den Menschen Mitgefühl entgegenzubringen, die es am meisten brauchen.

Nach den Regeln des Kosmos ist es dazu lediglich erforderlich, all den Menschen zu vergeben, die es Ihrer Meinung nach am wenigsten verdienen. Also befreien Sie sie und Ihre Vergangenheit durch Ihre Vergebung, denn Ihrer Seele ist zwar zugesichert, dass sie sich im Glanz spirituellen Erfolgs sonnen darf, nicht jedoch, bevor Sie mindestens neunundzwanzigeinhalb Jahre auf diesem Planeten damit zugebracht haben, dieses Privileg zu verdienen.

6

Neptun:
Ihre karmischen Schulden

Wappnen Sie sich. Als der astrologische Planet von Glauben, Rätselhaftigkeit und Illusion ist Neptun ohne Zweifel der Dorn im Fuß Ihres Vertrags mit dem Kosmos. Der vom Universum eingesetzte Herrscher über Ihre unbewusste Seele hat die Aufgabe, Ihre irdische Existenz mit Angst zu erfüllen.

Ja, es grenzt bereits an ein Wunder, auch nur einen Blick auf diesen siebten Planeten in unserem Sonnensystem werfen zu können. Denn am Nachthimmel lassen sich nur wenige Objekte schwerer lokalisieren als dieses geheimnisvolle Gestirn in seiner Abgelegenheit und Schönheit. Sobald es uns jedoch mit Hilfe unseres Teleskops gelingt, ihn zu orten, könnte ein anderer Planet kaum faszinierender sein. Kein Wunder also, dass die Astronomen, denen es Mitte des neunzehnten Jahrhunderts erstmals gelang, Neptun zu beobachten, ihn als einen höchst bezwingenden, immer flüchtigen, wahrhaft inspirierenden und dennoch irreführenden Einfluss im Universum bezeichneten.

Genau diesen Einfluss meinten sie in ihren Horoskopen zu erkennen. Seit Neptun auf seiner Kreisbahn erstmals in unser Bewusstsein drang, gelang es ihm immer, in unserer Linse als

weitentfernte Welt aufzutauchen, die uns aus der bezaubern-
den Gelassenheit einer anderen, seiner eigenen Dimension
oder dem Zwielicht zuwinkt. Die Astrologen früherer Zeiten
hatten recht: Neptun ist ein Täuscher. Mit seiner Postleitzahl,
die dreißigmal weiter von der Sonne entfernt ist als unsere
eigene, und seiner eisig kalten Atmosphäre, die sich aus
Flüssigkeit, Wolken und Gasen zusammensetzt, ist das himmlische Erscheinungsbild dieses Planeten tatsächlich kaum
mehr als eine eisige Illusion seiner eigenen dichtverhüllten
Umgebung. Diese Umgebung ist so satt mit Methan angerei-
chert, dass sie nicht nur tückische Stürme entfacht und giftige
Winde hervorbringt, sondern ihre Existenz auch noch unter
einer liebreizenden Decke aus blaugrünem Dampf verbirgt.

So viel zum äußeren Schein. Ohne Zweifel verkörpert dieser
dunkle und unbewohnbare Planet in seiner Essenz die primi-
tivste menschliche Bewältigungsstrategie: Wann immer wir
mit unerträglichen Zuständen konfrontiert werden, gehen wir
dazu über, nur noch das wahrzunehmen, was wir sehen *wollen*. Genau aus diesem Grund übersehen wir ständig Neptuns
Einfluss am Himmel und unterschätzen durchweg seine
Bedeutung bei unserer Geburt. Denn dieser Planet ist niemals
das, was er zu sein scheint – weder am Himmel noch im
Horoskop.

Wie könnte das, wenn es nach den Sternguckern früherer
Zeiten geht, auch anders sein? Sie erkannten, dass Neptun aus
der Perspektive des Universums nichts anderes ist als der
Spiegel unserer Seele, und damit ist er aus der astrologischen
Perspektive eben der himmlische Schatten unserer unbewussten Vergangenheit, unserer kreativen Imagination und unseres bedingungslosen Glaubens – inklusive jeglicher Schuld
und Sucht. Weil Neptuns Anwesenheit am Himmel zu unserer
Geburtsstunde die Sehnsucht unserer Seele reflektiert, sich zu

ihrem Höchsten aufzuschwingen, offenbart die Stellung des Planeten im Geburtshoroskop das Unrecht, das wir hier unten auf der Erde wiedergutmachen müssen, um uns mit unserer quälenden Vergangenheit zu versöhnen. Als Spiegel unserer Seele hat Neptun die Aufgabe übernommen, uns an das letzte Mal zu erinnern, als wir in Ungnade gefallen sind, indem er die Bilder dieses Falls pflichtbewusst und unablässig zu uns zurückwirft.

An dieser Stelle wird die Angelegenheit meist etwas unübersichtlich für uns, denn da Neptun als unser universeller Projektor fungiert, tendiert dieses schmerzhafte menschliche Unrecht dazu, eher wie ein bezahlter Urlaub auf den Bahamas auszusehen als wie die irdische Schuld, die es eigentlich darstellt. An diesem Punkt beginnen die eigentlichen Qualen, denn wenn es irgendetwas gibt, was wir in diesem Leben mit weitgeöffneten Augen angehen müssen, dann ist es genau das, was dieser Planet in unserem Horoskop symbolisiert: Unsere karmische Bringschuld gegenüber dem Universum oder das Versprechen unserer Seele, in diesem Leben das emotional zu ersetzen, was wir im letzten auf egoistische Weise verbraucht haben.

Jetzt wissen Sie Bescheid und kennen die Story: Vor langer Zeit, nach dem großen Knall, doch vor Ihrer derzeitigen Inkarnation, hat sich Ihre Seele für eine weitere Lebenszeit hier auf der Erde entschieden – für Ihre gegenwärtige. Dazu haben sich Ihre Seele und der Kosmos zusammengesetzt und sich gemeinsam für einen ganz speziellen Dienst an der Gemeinschaft entschieden, den Sie in diesem Leben ableisten würde, um einen ganz bestimmten Vorgang persönlichen egoistischen Gewinns aus einem früheren Leben auszugleichen. Weil es unsere unbewusste Seele war, die jene karmische Übereinkunft getroffen hat, haben Sie heute keine bewusste Erinnerung daran. Deshalb verbringen Sie vermutlich den Großteil Ihres Menschenlebens damit, das Universum gegen sich aufzubringen, weil Sie keinen Versuch unternehmen, Ihren Vertrag einzuhalten. In dem Bemühen, Sie an Ihre unbezahlte emotionale Schuld zu erinnern, appelliert das Universum an Neptun mit seinen im höchsten Maße kreativen, aber auch fragwürdigen Taktiken. Und weil diese Vorgehensweisen so zweifelhaft sind, ignorieren Sie sie, was Neptuns Einfallsreichtum aber nur umso mehr steigert und Sie schließlich zum Opfer seiner Strategien macht.

Ohne Zweifel wäre unser spiritueller Schuldendienst erheblich weniger quälend, wenn wir nicht so bereitwillig die herbe Wirklichkeit unseres Planeten Erde für jene betörenden, aber giftigen Illusionen aus dem Zwielicht eintauschten. Statt auf Neptuns beständige Appelle zu hören, doch endlich die schmerzhaften Zerstörungen in unserer Vergangenheit zu heilen, lassen wir uns bedauerlicherweise oft nur allzu leicht dazu verlocken, sie zu wiederholen. Dann sind wir aufrichtig schockiert darüber, dass wir in dieses Fahrwasser zurückgekehrt sind. Doch genau so inspiriert Neptun in uns im einen Augenblick die grenzenlosen Freuden unserer höheren Berufung, und im nächsten lockt er uns zurück in unsere frühere emotionale Verzweiflung. Wir sollten es besser wissen, wir können nicht wieder nach Hause zurück, nicht wahr? Falsch! Neptun ist der eine Ort, an den wir zurückkehren können. Weil er das Zuhause unserer Seele ist, stellt er den einzigen Ort im Kosmos dar, an den wir sogar mühelos zurückkehren können – und genau deshalb ist er für uns die Hölle. Die meisten von uns haben noch nicht begriffen, dass Neptun in unserem Vertrag namens Geburtshoroskop nicht eine schmerzhafte Erfahrung ist, die wir erneut durchleben sollen. Er stellt eine emotionale Waage dar, die in diesem Leben und ohne blaugrünen Dunst ins Gleichgewicht zu bringen wir versprochen haben.

Wäre es nicht viel leichter, einfach unsere »spirituellen Ärmel« aufzukrempeln und die menschenfreundliche Heldentat zu vollbringen, die das Universum von uns erwartet? Selbstverständlich. Soweit es unsere karmische Schuld betrifft, hieße das bereits, die halbe Schlacht gewonnen zu haben – die zweite Hälfte. Die erste Hälfte gewinnen wir, indem wir uns daran erinnern, dass wir überhaupt ausstehende Verpflichtungen zu erfüllen haben, und herausfinden, welche das sind. Hierzu wenden wir uns der Position Neptuns in unserem Radixhoroskop zu, also unserem »Geburtsneptun«. Zunächst einmal stellt seine Plazierung eine Anerkennung unserer im letzten Leben erworbenen spirituellen Sporen durch das Universum dar. Das Zeichen symbolisiert die karmischen Fertigkeiten, mit denen wir heute aufgrund eines großen persönlichen, irgendwo auf der freudlosen Reise durch das Gestern erbrachten Opfers gesegnet sind. Da Neptun für seine Umlaufbahn sehr lange braucht und sich fast vierzehn Jahre in einem Zeichen aufhält, ist er aktuell nur für folgende Zeichen von Relevanz:

Ψ *Jungfrau:* ein hingebungsvoller Perfektionist, dessen Mitgefühl unter Beweis gestellt wurde durch sein wirkungsvolles Ableisten von undankbaren Routineaufgaben, die für andere von entscheidender Bedeutung waren.

Ψ *Waage:* ein talentierter Friedensstifter, der denjenigen, die das selbst nicht geschafft haben, Freude und Glück brachte, indem er Schönheit schuf, Harmonie erwirkte und dort Gerechtigkeit herstellte, wo es notwendig war.

Ψ *Skorpion:* ein meisterlicher Manipulator, dessen Mitgefühl für die Schwachen mächtig zutage trat, weil er die bestehenden Mittel in Zeiten großer Krisen oder Katastrophen weise aufzuteilen wusste.

ψ *Schütze:* ein idealistischer Held, der seine starken Moralvorstellungen und tiefen Überzeugungen großzügig einsetzte, um zu einem Zeitpunkt die Bedürftigen zu unterstützen und die Benachteiligten zu verteidigen, als niemand sonst es tat.

ψ *Steinbock:* eine mächtige öffentliche Person, die ihren beruflichen Status, ihr Amt und ihre Macht einsetzte, um ehrenhaft Einfluss auf die Verwaisten und Unterprivilegierten zu nehmen und um sie anzuleiten.

ψ *Wassermann:* ein großartiger Vertreter des humanitären Gedankens, der die Armen und Ausgestoßenen der Gesellschaft unterstützte, indem er eine Bruderschaft gründete, neue Energieformen entwickelte oder Technologien voranbrachte.

ψ *Fische:* ein erleuchteter Heiler, der sein Gottvertrauen, sein Mitgefühl und seine Vorstellungskraft einsetzte, um die Hoffnungslosen emotional zu trösten und die Hilflosen psychologisch zu heilen.

Zwar gewährt uns das Zeichen Neptuns einen erhellenden Einblick in die Vergangenheit, doch sein Haus stellt den kosmischen Schlüssel für die Zukunft dar. Die Plazierung dieses Planeten in den Häusern zeigt den bestimmten Lebensbereich, in dem wir der Erwartung des Universums zufolge jetzt unser Eigeninteresse opfern sollen, weil die Stellung Neptuns am Himmel dokumentiert, wie und wo unsere Seele unseren in der Vergangenheit gelebten Eigennutz wiedergutmachen will. Dies kann nur gelingen, indem wir mitfühlend und selbstlos diejenigen, die bedürftiger sind als wir selbst, mit den durch das Neptunhaus dargestellten Eigenschaften versorgen.

Könnte es leichter sein, seine Schulden zu bezahlen? Heißt das denn nicht, dass wir unserem bevorzugten »Neptunhaus-Wohltätigkeitsverein« nur einen großzügigen Scheck ausstellen oder dem armen Kerl auf Krücken die Tür zu jenem bestimmten Bereich unseres Lebens aufhalten müssen – und, Abrakadabra, unsere Schulden beim Universum sind vollständig bezahlt? Leider nicht. Tatsächlich begehen wir emotionalen Selbstmord, wenn wir Neptuns Aufruf zur Wohltätigkeit ignorieren, und müssen zu einem echten emotionalen Opfer bereit sein, wenn wir unsere Schulden beim Universum wirklich bezahlen wollen. Daher ist für uns, dem Wunsch des Universums zufolge, irgendeine Art früher Verlust oder ein Kindheitskummer in unserem Neptunhaus vorgesehen – sozusagen ein »Memo« des Universums, das uns schmerzhaft an das Versprechen unserer Seele erinnern soll und uns daher genau mit dem Leiden vertraut macht, das bei anderen zu verringern wir zugestimmt haben.

Rein theoretisch ist das kein schlechter Plan, doch leider wollen wir offenbar mit aller Kraft beweisen, dass dieses Vorhaben keineswegs unfehlbar ist, nur weil es uns in Verwirrung stürzt. Neptun ist der Planet von Glauben und Imagination, was bedeutet, dass wir im Hinblick auf dieses Gestirn gleichermaßen begabt wie behindert sind. Zwar ist das Neptunhaus ohne Zweifel der Bereich in unserem Leben, in dem wir mit emotionalen Entbehrungen belastet sind, doch zugleich wurden wir auch mit ausreichend Inspiration und Kreativität gesegnet, um sie zu überwinden. Nur leider ist uns weder das eine noch das andere bewusst. Das Universum erwartet nicht nur, dass wir es in diesem Bereich unseres Geburtshoroskops entschädigen, es will auch, dass wir die Neptunenergien nutzen, um das Unvorstellbare zu erschaffen, das Unglaubliche zu glauben und das Unmögliche zu verwirklichen. Wenn wir uns jedoch damit zufriedengeben, weniger als das Verlangte zu leisten, dann lässt sich das Universum großzügig auf eine menschentypischere Rückzahlungsweise ein: Blut, Schweiß und Tränen.

Dies, so kann Ihnen jeder Sterndeuter sagen, wird nur durch den sogenannten neptunischen Schubser bewirkt, der von Menschen allerdings meist als wenig himmlisch erlebt wird. Die meisten erfahren ihn als diese unwiderstehliche Kraft, der wir plötzlich gegenüberstehen und die es immer wieder schafft, uns in eine vollkommen unerwartete Situation zu schubsen und uns dabei einen kaum erträglichen Blick auf großes Leiden zumutet, meist auf unser eigenes.

Kein Wunder, dass wir in solchen Augenblicken dem Schmerz lieber nicht direkt ins Gesicht schauen, sondern lieber die Art unserer Wahrnehmung ändern. Darin sind wir leider recht geschickt, denn das betroffene Neptunhaus ist der eine Bereich in unserem Leben, in dem wir mit so großer visionärer Kraft ausgerüstet wurden, dass wir allem einen erträglicheren Anschein geben können, indem wir es einfach in unsre blaugrüne Wolke aus Wirklichkeitsflucht, Leugnen oder Sucht einhüllen. Vorausgesetzt, wir sind nicht bereits der mächtigen Vision eines anderen anheimgefallen. Kein Wunder, dass es Geheimnissen, Skandalen, Drogen und allem Illegalen leichtfällt, durch Neptuns Tür einen Weg in unser Leben zu finden. Da das Neptunhaus der Bereich ist, in dem wir ausgerüstet wurden, an das Unvorstellbare zu glauben und das Beste zu erhoffen, fallen wir dort auch mit größter Wahrscheinlichkeit den Lügen und Wahnvorstellungen anderer zum Opfer. Auch unsere eigenen übersehen wir in diesem Haus nur allzu gern.

Falls Sie langsam glauben, Neptun stehe für unseren Versuch, den Status eines Heiligen zu erlangen, dann haben Sie recht.

Seine Plazierung im Geburtshoroskop ist der einzige Bereich im ganzen Universum, in dem wir sowohl ausgerüstet sind als auch autorisiert, das Unmögliche zu erreichen, aber nicht – und daran erinnert uns Neptun unfehlbar rasch –, indem wir dem Unvermeidlichen aus dem Weg gehen. Kein anderes Haus im Horoskop garantiert unseren spirituellen Lohn, weil keine andere universelle Energie uns zu einem emotionalen Opfer zwingt. Das Haus, in dem sich unsere Sonne befindet, verlangt unsere ganze Hingabe, denn schließlich will sie uns zum Star machen. Saturn hingegen beharrt darauf, dass wir unsere Ängste und Hindernisse überwinden, denn er will, dass wir uns den Erfolg hier auf Erden erst verdienen. Ohne offensichtlichen Grund erwartet das Neptunhaus, dass wir geben, bis es weh tut, anderenfalls, das bestätigt uns der Kosmos, *wird* es weh tun: Versuchen wir, zu kneifen, dann sorgt ein ausgleichendes Prinzip dafür, dass wir uns gekniffen fühlen. Machen wir uns jedoch an die Arbeit, unser Versprechen zu erfüllen, dann erst begreifen wir, was es heißt, unser Bestes zu geben, jedoch nur, wenn wir das Neptunhaus als das erkennen, was es tatsächlich ist: unsere irdische Tour der emotionalen Pflicht.

Zwar ist das Neptunhaus nie die tropische Urlaubsinsel, die wir uns wünschen würden, aber es wird auch nur dann zum emotionalen Gefängnis, wenn wir so tun, als sei es anders, oder uns entschließen, es in Bausch und Bogen zu ignorieren, um uns das Leben in ihm leichtzumachen. Wir müssen uns entscheiden, ob wir unsere Schulden bezahlen und uns mit der Vorfreude auf bessere Zeiten arrangieren oder aber unsere Verpflichtungen ignorieren und uns dafür im Leid des »Immer geht alles schief!« wälzen. Neptuns Haus ist einer von zwei Bereichen im Horoskop (der andere ist das zwölfte Haus, Neptuns Heimat), in denen es uns ausgesprochen schwerfällt, zwischen dem Schuldenbezahlen und unserem vermeintlichen Pech zu unterscheiden, und deshalb vergisst Neptun nie, seine kleinen Schubser auszuteilen. Auf lange Sicht sind die neptunischen Schubser vielleicht gar nicht so schlecht, denn schließlich bringen Sie uns dazu, unseren karmischen Verpflichtungen nachzukommen und damit letztlich auch unser Schicksal zu erfüllen.

Um unseren Geburtsneptun zu verstehen, müssen wir zu der Erkenntnis gelangen, dass unsere Verpflichtungen gegenüber dem Universum nichts anderes als unser persönliches Schicksal sind. So einfach ist das. Wir müssen andere bereitwillig mit der emotionalen Unterstützung versorgen, die von uns verlangt wird, oder uns damit abfinden, dass das Schicksal sie uns mit Gewalt entreißt. Wir müssen jenen helfen, die in unserem Neptunbereich verloren und unglücklich sind. Wir können ihre Schmerzen und Entbehrungen zwar übersehen, aber natürlich nur so lange, bis wir unseren kleinen Schubser bekommen und die fremden Schmerzen und Entbehrungen zu unseren eigenen werden.

Letztlich ist es ebenso unmöglich, Neptuns Erleuchtungsversprechen wie unsere Schulden zu ignorieren. Entweder wir bringen unsere karmischen Waagschalen verabredungsgemäß mit Inspiration, Mitgefühl und Gnade ins Gleichgewicht, oder wir winden uns vor Reue, wenn Neptun bei uns Blut, Schweiß und Tränen einklagt. Die Wahl obliegt uns ebenso wie die giftige Illusion. Wir entscheiden, ob wir mitfühlend dienen oder emotional leiden. So erhält das Universum, auf die eine oder andere Weise, was ihm zusteht.

Neptun im ersten Haus
Ψ *in* 1

Wiedergutmachungsforderung des Universums in folgendem Bereich: Sie selbst.

Neptun im ersten Haus, dem Ort mit der Devise »Ich, ich und noch mal ich«, verweist auf karmische Schulden, die Sie in Ihrem vorhergehenden Leben angehäuft haben, indem Sie Ihr Ego entweder durch starken Missbrauch oder die rücksichtslose Vernachlässigung persönlicher Unabhängigkeit, persönlichen Ehrgeizes oder physischer Betätigung befriedigten. Mutwillig haben Sie mit Ihrem wütenden, dickköpfigen oder aggressiven Verhalten anderen Menschen die Entwicklung ihres Selbstbewusstseins unmöglich gemacht, während Sie sie zugleich mit dem Ihren auf egoistische Weise beherrschten.
Kein Wunder, dass die Schuld an den übereifrigen Verwicklungen von gestern Ihre heutige träge Gleichgültigkeit hervorruft. Obwohl Sie häufig von Ihrer eigenen hochentwickelten Reaktion auf Musik, Kunst, Harmonie und Rhythmus herausgefordert werden, verlangt das Universum als Ihre Wiedergutmachung von Ihnen im Hier und Jetzt selbstlosen Dienst und den positiven Einfluss auf die Begabungen und Talente anderer, die deren Selbstachtung fördern. Wenn Sie sich dieser Forderung verweigern, dann dürfen Sie mit schmerzhaften neptunischen Schubsern in den Bereichen Ihres Lebens rechnen, die zur Steigerung Ihrer eigenen Selbstachtung beitragen.

Betroffen sein könnten Sie in den folgenden Bereichen: Geburt, Identität, Titel, Persönlichkeit, persönliche Unabhängigkeit,

Handlungsspielraum, physischer Körper, körperliche Erscheinung und frühe Kindheit.

Neptun im zweiten Haus
Ψ *in* 2

Wiedergutmachungsforderung des Universums in folgendem Bereich: Ihre materiellen Werte.

Neptun im zweiten Haus, dem Ort mit dem Motto »Meins bleibt meins«, verweist auf karmische Schulden, die Sie in Ihrem vorhergehenden Leben angehäuft haben, indem Sie sich die greifbaren Vorteile persönlichen Guts, sinnlicher Freude und materiellen Wohlstands entweder auf unangemessene Art zu eigen gemacht oder aber sorglos vernachlässigt haben. Auf die eine oder andere Weise hat Ihre verschwenderische, gierige oder fahrlässige Handhabung wertvoller materialistischer Ressourcen und persönlichen Besitzes andere um ihren verdienten finanziellen Gewinn oder um den benötigten Komfort gebracht.

Kein Wunder, dass Ihnen heute das Geld so leicht durch die Finger rinnt, die sich doch gestern noch schuldig gemacht haben. Obwohl Sie häufig von Ihrer intuitiven Fähigkeit, materielle Werte zu erkennen und zu würdigen, herausgefordert werden, verlangt das Universum als Ihre Wiedergutmachung von Ihnen im Hier und Jetzt Ihre selbstlose Unterstützung derer, die so dringend ihr Selbstwertgefühl auf der materiellen Basis entwickeln müssen. Wenn Sie sich dieser Forderung verweigern, dann dürfen Sie mit schmerzhaften neptunischen Schubsern in den Bereichen Ihres Lebens rechnen, die in materieller Hinsicht zur Steigerung Ihres eigenen Selbstwertgefühls beitragen.

Betroffen sein könnten Sie in den folgenden Bereichen: persönliches Wertesystem, Fertigkeiten oder Potenzial, um Geld zu verdienen, Geld, Wertpapiere, finanzielle Angelegenheiten, Bankkonten, bewegliches Gut, materielle Ressourcen und greifbare Vermögenswerte.

Neptun im dritten Haus
Ψ *in* 3

Wiedergutmachungsforderung des Universums in folgendem Bereich: Ihr Netzwerk.

Neptun im dritten Haus, dem Ort Ihres »lokalen Umfelds«, verweist auf karmische Schulden, die Sie in Ihrem vorhergehenden Leben angehäuft haben, indem Sie Ihre Verantwortung für Kommunikation, Erziehung, Handel oder Transport in Ihrer näheren Umgebung betrügerisch missbraucht oder verantwortungslos vernachlässigt haben. Freunde in der Nachbarschaft, Verwandte und Klassenkameraden hatten darunter zu leiden, dass Sie ohne Sorgfalt auf die Einzelheiten und ohne Rücksicht auf die Bedürfnisse der Gemeinschaft den Wechsel von Vorstellungen, die Verbreitung von Neuigkeiten und das Verpflanzen von Personen zuließen.

Kein Wunder, dass es Ihren heutigen Geschwistern und Nachbarn leichtfällt, jederzeit Ihre Schuldgefühle für das Gestern anzufachen. Obwohl Sie häufig von Ihrer hochentwickelten, jedoch häufig verwirrenden Intuition in Anspruch genommen werden, verlangt das Universum als Ihre Wiedergutmachung von Ihnen im Hier und Jetzt die selbstlose Unterstützung bei der verantwortungsbewussten Vernetzung von Personen, Handelswaren und Informationen in Ihrer intellektuellen Nachbarschaft. Wenn Sie sich dieser Forderung verweigern, dann dürfen Sie mit schmerzhaften neptunischen Schubsern in den Bereichen Ihres Lebens rechnen, die einen Beitrag zur Vernetzung Ihres eigenen näheren Umfelds leisten.

Betroffen sein könnten Sie in den folgenden Bereichen: Erfahrungen mit Geschwistern, Nachbarn, Klassenkameraden und engen Verwandten, Kommunikation, Schule, Lernfähigkeit, Erziehung, Handelsabschlüsse, Fahrzeuge und örtlicher Transport.

Neptun im vierten Haus
Ψ in 4

Wiedergutmachungsforderung des Universums in folgendem Bereich: Ihr Familiennest.

Neptun im vierten Haus – dem Ort, den der Sinnspruch »Trautes Heim, Glück allein« so treffend charakterisiert – verweist auf karmische Schulden, die Sie in Ihrem vorhergehenden Leben angehäuft haben, indem Sie die emotionalen »Heiligtümer« Heim, Familie, mütterliche Fürsorge oder Ihre persönliche Familiengeschichte missbraucht oder vernachlässigt haben. Da Sie Ihre Familie, Kinder, Eltern oder Ihr Land als unfähig erachteten, Ihren Idealen zu genügen, haben Sie durch die Tiefe Ihrer Enttäuschung nicht nur Schande über sie gebracht, sondern sie auch durch die Scham über ihre eigene Unzulänglichkeit handlungsunfähig gemacht.

Kein Wunder, dass Ihre Schuld von gestern noch immer gelegentlich wie eine im Familienkeller versteckte Leiche in Ihr Bewusstsein tritt. Obwohl Sie häufig von starken übersinnlichen Empfindungen und von Schüben sentimentaler Gefühlsduselei überfallen werden, verlangt das Universum als Ihre Wiedergutmachung von Ihnen im Hier und Jetzt mehr, nämlich dass Sie selbstlos diejenigen Menschen mit emotionaler Stärkung und häuslicher Sicherheit versorgen, die sie so dringend brauchen. Wenn Sie sich dieser Forderung verweigern, dann dürfen Sie mit schmerzhaften neptunischen Schubsern in den Bereichen Ihres Lebens rechnen, die zu Ihrer eigenen emotionalen Stärkung und häuslichen Sicherheit beitragen.

Betroffen sein könnten Sie in den folgenden Bereichen: Familie, Mutterbindung, Erziehungsbefähigung, Heim, Land, Grundbesitz, Landwirtschaft, Vorfahren, Kultur und Heimat.

Neptun im fünften Haus
Ψ in 5

Wiedergutmachungsforderung des Universums in folgendem Bereich: Ihre Schöpfungen.

Neptun im fünften Haus, dem Ort des »Keiner kann es besser«, verweist auf karmische Schulden, die Sie in Ihrem vorhergehenden Leben dadurch angehäuft haben, dass Sie trotz Ihres Status als berühmte Persönlichkeit bei angenehmer Lebensweise egoistisch Ihre Autorität missbraucht, sie aus Trägheit vernachlässigt und/oder eine romantische Liebe sowie eine kreative Begabung nicht verwirklicht haben. In dieser von Egoismus geprägten Existenz haben Sie diejenigen ausgenutzt, die zu Ihnen um Ihrer Führungsrolle willen aufblickten, indem Sie sich selbst die Früchte ihrer individuellen Leistungen einverleibt haben.

Kein Wunder, dass sich die Schuld von gestern so leicht in Ihren persönlichen Schöpfungen, insbesondere in Ihren Kindern, heraufbeschwören lässt. Obwohl Sie häufig von Ihrer Schwäche für Romantik und von Ihrer Begabung für die darstellenden Künste in Beschlag genommen werden, verlangt das Universum als Ihre Wiedergutmachung von Ihnen im Hier und Jetzt, dass Sie selbstlos denjenigen Menschen die kreative Anerkennung und die Freude am Vergnügung gewähren, die sie so dringend brauchen. Wenn Sie ich dieser Forderung verweigern, dann dürfen Sie mit schmerzhaften neptunischen Schubsern in den Bereichen Ihres Lebens rechnen, die zur Anerkennung Ihrer eigenen Kreativität und zu Ihrer Freude am Vergnügen beitragen.

Betroffen sein könnten Sie in den folgenden Bereichen: Erfahrungen mit Kindern, Liebesaffären, Romanzen, persönliche Kreativität, Spiel, Theater, Kunst, Freizeitaktivitäten, Erholung/Sport und Investitionen/Geldspiel.

Neptun im sechsten Haus
Ψ *in* 6

Wiedergutmachungsforderung des Universums in folgendem Bereich: Ihr Alltag.

Neptun im sechsten Haus, dem Ort des »täglichen Trotts«, verweist auf karmische Schulden, die Sie in Ihrem vorhergehenden Leben angehäuft haben, indem Sie die niedrigen Aufgaben des Alltags und Ihre routinemäßige Verantwortung für körperliche Gesundheit herabgewürdigt, missachtet und vernachlässigt haben. Durch Ihren unrealistischen Qualitätsmaßstab, dem kein Mensch je genügen konnte, haben Sie diejenigen, die sich um die Erfüllung *Ihrer* alltäglichen Bedürfnisse gekümmert haben, beschämt und gelähmt sowie einem Gefühl der Unzulänglichkeit ausgesetzt.

Ist es da ein Wunder, dass Sie sich heute mit so vielen mysteriösen Leiden quälen, da Sie doch gestern so viele Minderwertigkeitsgefühle verursacht haben? Obwohl Sie häufig von unbewussten Angewohnheiten und unklugen Abmagerungskuren in Beschlag genommen werden, verlangt das Universum als Ihre Wiedergutmachung von Ihnen im Hier und Jetzt, dass Sie selbstlos die erforderlichen Aufgaben und praktischen Dienstleistungen übernehmen, die andere so dringend brauchen. Wenn Sie sich dieser Forderung verweigern, dann dürfen Sie mit schmerzhaften neptunischen Schubsern in den Bereichen Ihres Lebens rechnen, die zur Erledigung Ihrer eigenen Aufgaben und zur Gewährleistung von Dienstleistungen zu Ihrem eigenen Wohl beitragen.

Betroffen sein könnten Sie in den folgenden Bereichen: Erfahrungen mit Kollegen, Haustieren, Dienstleistern, Alltagsarbeit, Gesundheit, Ernährung, körperlicher Fitness, Routinearbeiten, tägliche sportliche Betätigung und Instandhaltungsvorgänge.

Neptun im siebten Haus
Ψ *in* 7

Wiedergutmachungsforderung des Universums in folgendem Bereich: Ihre Bezugspersonen.

Der Neptun im siebten Haus, dem Ort mit dem Schild »Zutritt nur für Paare«, verweist auf karmische Schulden, die Sie in Ihrem vorhergehenden Leben angehäuft haben, indem Sie die gemeinsame Verpflichtung zur Schaffung und Aufrechterhaltung von bedeutsamen Fusionen, Geschäftsallianzen und ehelichen Verbindungen emotional missbraucht und/oder sorglos vernachlässigt haben.

Auf irgendeine manipulative Weise haben Sie Ihre idealistischen Erwartungen an Liebe und Gleichheit eingesetzt, um die Kontrolle in wichtigen Beziehungen zu übernehmen, Ihre rechtlich gleichgestellten Geschäftspartner zu bevormunden oder um Vertragsbedingungen für Ihre Zwecke auszunutzen, indem Sie in anderen ein tiefes Unzulänglichkeitsgefühl geweckt haben.

Wen wundert's da, dass der gestrige Mangel an emotionalem Engagement heute unbefriedigende Beziehungen anzieht? Obwohl Sie häufig das Gefühl beschleicht, dass Ihre Beziehungen durch unrealistische Verpflichtungen erschwert werden, verlangt das Universum als Ihre Wiedergutmachung von Ihnen im Hier und Jetzt mehr, nämlich dass Sie selbstlos anderen die Gleichheit und das Gleichgewicht gewähren, das sie in ihren wichtigen Beziehungen so dringend brauchen. Wenn Sie sich dieser Forderung verweigern, dann dürfen Sie mit schmerzhaften neptunischen Schubsern in den Bereichen Ihres Lebens rechnen, die zum Erreichen von Gleichheit und Gleichgewicht beitragen.

Betroffen sein könnten Sie in den folgenden Bereichen: Erfahrungen mit Partnern, Kunden, Gegnern, Widersachern, Gesellschaft, Öffentlichkeit, Rechtsanwälten, Verträgen, Verhandlungen und rechtlichen Angelegenheiten.

Neptun im achten Haus
Ψ *in* 8

Wiedergutmachungsforderung des Universums in folgendem Bereich: Ihre kollektiven materiellen Werte.

Neptun im achten Haus, dem Ort mit dem Motto »Was deins ist, ist auch meins«, verweist auf karmische Schulden, die Sie in Ihrem vorhergehenden Leben angehäuft haben, indem Sie die Kontrolle über gemeinsame Ressourcen, unerschlossene Reserven und Angelegenheiten von Leben und Tod auf gefährliche Weise missbraucht und/oder sorglos vernachlässigt haben. Sie waren verantwortlich für den Besitz und die Geheimnisse anderer und haben mit Ihrem versteckten, manipulativen oder paranoiden Wunsch nach Dominanz den finanziellen Ruin, die emotionale Zerstörung oder sogar die Vernichtung aller Beteiligten bewirkt.

Kein Wunder, dass Ihre heutigen geschäftlichen wie privaten Partner Ihnen weder die Art von Vertrauen schenken, die Sie sich wünschen, noch die benötigten Geldmittel. Obwohl Sie häufig von Ihrem intuitiven Sinn für emotionale oder psychologische Manipulation überwältigt werden, verlangt das Universum als Ihre Wiedergutmachung von Ihnen im Hier und Jetzt mehr, nämlich dass Sie selbstlos anderen den Zugang zu den verborgenen Quellen verschaffen, die sie so dringend für ihr Überleben brauchen. Wenn Sie sich dieser Forderung verweigern, dann dürfen Sie mit schmerzhaften neptunischen Schubsern in den Bereichen Ihres Lebens rechnen, die Ihnen den Zugriff zu Ihren eigenen Ressourcen ermöglichen.

Betroffen sein könnten Sie in den folgenden Bereichen: Erfahrungen mit Sex, Intimität, Tod, Empfängnis, den Ressourcen des Partners, dem Geld anderer Leute, gemeinsame Vermögenswerte, Erbschaften, Versicherungen und Steuern.

Neptun im neunten Haus
♆ *in* 9

Wiedergutmachungsforderung des Universums in folgendem
Bereich: Ihre neuen Horizonte.

Der Neptun im neunten Haus, dem Ort des »großen Gesamtbilds«,
verweist auf karmische Schulden, die Sie in Ihrem vorhergehenden Leben angehäuft haben, indem Sie Ihre Verantwortung
für das Erlangen von Wissen, die Verbreitung der Wahrheit
oder die Förderung der Gerechtigkeit auf egoistische Weise
missbraucht und/oder sorglos vernachlässigt haben. Indem
Sie anderen Ihren eigenen philosophischen Glauben, Ihre politischen Meinungen oder spirituellen Überzeugungen aufge-
drängt haben, hemmten Sie das Wachstum und das Lernen
derjenigen, die Sie inspirieren sollten.
Kein Wunder, dass Ihre heutige höhere Bildung immer durch
Ihre gestrige intellektuelle Besserwisserei behindert zu werden
scheint. Obwohl Sie häufig von einer unbewussten Wanderlust
in Gebiete jenseits der Begrenzungen Ihrer Kindheit gepackt
werden, verlangt das Universum als Ihre Wiedergutmachung
von Ihnen im Hier und Jetzt mehr, nämlich dass Sie selbstlos
anderen helfen, ihren Geist und ihren Horizont auszudehnen
und die ersehnte Erleuchtung zu erlangen. Wenn Sie sich dieser Forderung verweigern, dann dürfen Sie mit schmerzhaften
neptunischen Schubsern in den Bereichen Ihres Lebens rechnen, die Ihnen Zugang zu Ihrer eigenen Erleuchtung verschaffen.

Betroffen sein könnten Sie in den folgenden Bereichen:
Erfahrungen mit Schwiegereltern, Fremden, Gerichtsbe-

schlüssen, Schule, Hochschule, Religion/Philosophie, Rundfunk- und Fernsehübertragungen, Veröffentlichungen und Fernreisen.

Neptun im zehnten Haus
♆ in 10

Wiedergutmachungsforderung des Universums in folgendem Bereich: Ihre öffentliche Welt.

Neptun im zehnten Haus, dem Haus der »irdischen Ambitionen«, verweist auf karmische Schulden, die Sie in Ihrem vorhergehenden Leben angehäuft haben, indem Sie Ihre offiziellen Verantwortlichkeiten als Erziehungsberechtigter, Berufstätiger oder Person öffentlicher Reputation schwer missbraucht und/oder sorglos vernachlässigt haben. Diejenigen, die Ihrer Autorität unterstellt waren, litten entsetzlich, als Ihre rücksichtslose Gier nach Erfolg und Status zum demütigenden Verlust Ihrer beruflichen Reputation geführt hat oder Sie sich in einem öffentlichen Skandal bis aufs Blut blamiert haben.

Kein Wunder, dass die Autoritätspersonen in Ihrem gegenwärtigen Leben emotional nie für Sie zur Verfügung stehen. Obwohl Sie häufig von einem starken Empfinden Ihres eigenen Schicksals ergriffen werden, verlangt das Universum als Ihre Wiedergutmachung von Ihnen im Hier und Jetzt mehr, nämlich dass Sie anderen selbstlos helfen, im Rahmen der etablierten Regeln organisierter Strukturen zu arbeiten und sich so den verdienten Respekt zu erwerben. Wenn Sie sich dieser Forderung verweigern, dann dürfen Sie mit schmerzhaften neptunischen Schubsern in den Bereichen Ihres Lebens rechnen, die Ihnen selbst Zugang zu Achtung und Respekt verschaffen.

Betroffen sein könnten Sie in den folgenden Bereichen: Erfahrungen mit dem Vater, Autoritätspersonen und Höhergestellten, öffentliches Ansehen, beruflicher Status, Karriere, beruflicher Ehrgeiz und Politik.

Neptun im elften Haus
Ψ *in* 11

Wiedergutmachungsforderung des Universums in folgendem Bereich: Ihr Sozialleben.

Neptun im elften Haus, dem Ort des »teamfähigen Mitspielers«, verweist auf karmische Schulden, die Sie in Ihrem vorhergehenden Leben angehäuft haben, indem Sie die humanitären Ideale sozialer Reformen und universeller Bruderschaft schwer missbraucht und/oder starrsinnig vernachlässigt haben. Freunde und Mitarbeiter hatten schwer unter der sozialen Unruhe oder dem gesellschaftlichen Chaos zu leiden, das Sie mit Ihrem revolutionären Verhalten oder Ihrer unsozialen Einstellung bewirkt haben.
Wen überrascht's angesichts Ihrer Schuld an den Opfern von gestern, dass heute nur enttäuschende Kollegen in Ihrem

Alltag auftauchen? Obwohl Sie häufig von Ihrer hochentwickelten Intuition und Ihren fortschrittlichen technologischen Visionen ergriffen werden, verlangt das Universum als Ihre Wiedergutmachung im Hier und Jetzt mehr, nämlich dass Sie sich selbstlos und effektiv in die Gruppe einfügen, um den Status quo derjenigen zu verändern, die dringend verbesserter sozialer Bedingungen bedürfen. Wenn Sie sich dieser Forderung verweigern, dann dürfen Sie mit schmerzhaften neptunischen Schubsern in den Bereichen Ihres Lebens rechnen, die Ihr eigenes soziales Umfeld bedingen.

Betroffen sein könnten Sie in den folgenden Bereichen: Erfahrungen mit Freunden, Gleichaltrigen, Kollegen und sozialen Gruppen, humanitäre Ideale, Visionen, Zukunftsziele, Hoffnungen und Wünsche, Klubs und Vereine, Gruppenleistungen und Rebellionen.

Neptun im zwölften Haus
Ψ in 12

Wiedergutmachungsforderung des Universums in folgendem Bereich: Ihr ewiges Leben.

Neptun im elften Haus, der Zuflucht Ihrer Seele, verweist auf karmische Schulden, die Sie in Ihrem vorhergehenden Leben angehäuft haben, indem Sie die unterschwelligen Fluchten des bedingungslosen Glaubens, der kreativen Vorstellungskraft und der unbewussten Vergangenheit schwer missbraucht und/

oder sorglos vernachlässigt haben. Diejenigen, die sich auf Ihre emotionale Unterstützung verließen, hatten schwer zu leiden, als Sie, nachdem die harte Wirklichkeit des Lebens Sie überwältigt hatte, zum Opfer Ihrer selbstverursachten Isolation, Schuld oder Ihres Märtyrertums wurden.

Kein Wunder, dass die Gefangenschaft, die Sie sich gestern selbst auferlegt haben, heute in Ihnen eine tiefsitzende Einsamkeit hervorruft. Sie werden häufig von einer extremen Anfälligkeit für Drogen, Allergien und Alkohol geschwächt und schaden sich; natürlich verlangt das Universum als Wiedergutmachung im Hier und Jetzt wesentlich mehr von Ihnen, nämlich dass Sie sich selbstlos der tatsächlichen Opfer dieser Welt mit dem Mitgefühl annehmen, das sie wirklich verdienen, und für die »psychologische Wiederherstellung« sorgen, deren sie so dringend bedürfen. Wenn Sie sich dieser Forderung verweigern, dann dürfen Sie mit schmerzhaften neptunischen Schubsern in den Bereichen Ihres Lebens rechnen, die Ihre eigene Wiederherstellung fördern und für Mitgefühl in Ihrem Leben sorgen.

Betroffen sein könnten Sie in den folgenden Bereichen: Erfahrungen mit der Seele, Glauben, Spiritualität, Religion, geistige Gesundheit, Süchte, Abhängigkeiten, illegale Handlungen, Anstalten, Gefängnissen/Krankenhäusern, Geheimnisse, unbewusste Vergangenheit, Karma und zurückliegende Leben.

7
Pluto:
Ihr karmisches Waffenlager

Die meisten Menschen wissen, dass Pluto, der neunte und letzte uns bekannte Planet im Sonnensystem, erst im Frühjahr 1930 entdeckt wurde. Weniger bekannt ist die Tatsache, dass dieses wissenschaftliche »Event« nur kurze Zeit nach dem Zusammenbruch der amerikanischen Börse stattfand, der eine weltweite Wirtschaftsdepression zur Folge hatte und den Anfang einer Epoche markierte, die unter dem Zeichen von Adolf Hitler, Al Capone und dem Zweiten Weltkrieg stand. Wenn eine universelle Energie, die nach dem römischen Gott der Unterwelt benannt wurde, schließlich auf ihrer Umlaufbahn aus dem astronomischen Dunkel hinausfindet und in unser Bewusstsein eintritt, dann muss sie tiefen Einfluss auf unsere Welt nehmen und daher auch in unserem Leben große Veränderungen bewirken.

Und genau das tat Pluto und wurde deshalb als der astrologische Planet von Veränderung und Transformation bezeichnet (auch nachdem er degradiert worden war, weil ihm die Internationale Astronomische Union [IAU] im Jahr 2006 bei ihrem Treffen in Prag den Planetenstatus aberkannt hatte). Da Pluto mehr als fünfzigmal so weit von der Sonne entfernt ist wie die Erde, konnten ihn die Astronomen 1930 am Nachthimmel kaum ausmachen und schon gar nicht studieren. Natürlich blieb den Astrologen da nichts anderes übrig, als Plutos Einfluss im Geburtshoroskop auf das zu gründen, was sie durch die Linsen ihrer Teleskope sahen, und das war in jener Zeit und auf diese Entfernung so gut wie nichts. Die Astronomen im Dunkeln zu halten, das ist es offenbar, was Pluto zum Herrn der ganzen Angelegenheit macht, und so ist es seither auch geblieben. Damit ist dieser Planet in unserem Sonnensystem zugleich auch der bedrohlichste im Horoskop. Der dunkle und geheimnisvolle Himmelskörper zog also, aus der tiefsten Ecke des Kosmos stammend, seine weitentfernte Bahn um die Sonne und verinnerlichte auf seinem Weg jahrhundertelang all die dunklen Geheimnisse des Universums, lange bevor irgendjemand hier unten in den mathematisch-naturwissenschaftlichen Abteilungen der Universitäten überhaupt etwas von seiner Existenz ahnte. Kein Wunder, dass die modernen Astrologen Pluto zum Hüter der Seele und zum Herrscher über das Unbewusste erhoben. Ohne dass es irgendjemand wusste, war Pluto da draußen und begabte jedermann mit der Macht des großen Unbekannten, indem er uns heimlich all den dunklen und hellen, guten und bösen, hohen und niedrigen Kräften von Himmel und Hölle aussetzte – den universellen Kräften von Schöpfung und Zerstörung. Das musste die Astrologen beeindrucken. Ein wenig von Ehrfurcht ergriffen waren sie wohl auch, denn nach ihrem Verständnis handelte es sich um die spirituellen Kräfte der Transformation, und der Hüter unserer Seele machte nur zu deutlich, dass wir diese Kräfte dringend benötigen.

Bevor wir weiter voranschreiten und irgendjemand auf die Idee kommen könnte, Pluto, den Hüter der Seele, mit Neptun, dem Beherrscher der Seele, zu verwechseln, wollen wir einen Augenblick innehalten, um die Unterschiede zwischen den beiden karmischen Einflüssen und ihren Aufgabenbereichen zu klären. Neptun ist der Planet, der *unser unbewusstes Selbst beherrscht* und der deshalb die Erinnerung an unsere *gestrige* Schuld und Ekstase widerspiegelt. Pluto ist der Planet, der *unser unbewusstes Selbst hütet* und der deshalb die Einwirkung mächtiger *heutiger* Wünsche reflektiert. Neptun, ob nun stark oder schwach ausgeprägt, ist die Kraft, die uns inspiriert. Pluto hingegen, ob nun »gut« oder »schlecht«, ist der Einfluss, der uns Macht verleiht. Nach dem Sprachgebrauch der Astrologen könnte man auch sagen, Neptun sei unsere Seele und Pluto unser Gewissen.

Wenn man darüber nachdenkt, was Pluto zur astrologischen Party mitbringt, dann erkennt man sofort die Zusammenhänge. Sein Gastgeschenk ist die Macht. Nicht irgendeine Macht, sondern diejenige, die nur deshalb Neuanfänge hervorbringt, weil sie auch tödliche Abschlüsse zu gestalten weiß, eine Macht, die zu ihrer Kontrolle ein Gewissen braucht. Deshalb offenbart uns Plutos Plazierung im Geburtshoroskop, in welchen Bereichen wir die Macht besitzen, andere zu transformieren. Seine Stellung zum Zeitpunkt unserer Geburt zeigt uns, in welchem Bereich wir dem Kosmos zunächst unsere eigene Transformation versprochen haben. Dass so etwas kommt, hätten Sie sich bestimmt denken können. Falls jedoch nicht, dann folgt hier die Aufklärung. Unser Geburtspluto symbolisiert unsere irdische Verpflichtung, in diesem Leben mehr Macht zu erlangen, denn mit ihr, so das karmische Versprechen unserer Seele, sollen wir diejenigen vor all dem beschützen, was uns im zurückliegenden Leben mit einem lähmenden Gefühl der Machtlosigkeit erfüllt hat.

Das hört sich zwar nach einem edlen Vorsatz an, ist aber mindestens ebenso riskant, denn das Versprechen lässt sich nicht umsetzen, bevor wir nicht Zugang zu all den Menschen,

Dingen und Einflüssen »da draußen« erlangt haben, die über mehr Macht verfügen als wir selbst. Weil mächtigere Kräfte noch schwerer zu manipulieren als zu erlangen sind, war sich der Kosmos im Klaren darüber, dass wir mehr als nur ein bisschen astrologische Hilfe brauchen würden, um bis zu diesen Quellen vorzudringen. Entscheidungen für die Macht, welcher Art auch immer, ziehen immer mächtige Konsequenzen nach sich, und genau diese Tatsache ist es, die vor Äonen nicht nur unserer Seele ein Gewissen zur Seite gestellt hat, sondern auch Pluto in unser Horoskop.

Doch kommen wir zunächst einmal zu den Tierkreiszeichen, das natürlich deshalb, weil der Planet im Sternbild zum Zeitpunkt unserer Geburt eine in einem früheren Leben gemeisterte Aufgabe dokumentiert. Damit erweist das Universum einer Zeit Reverenz, als sich die Seele der kosmischen Lage gewachsen zeigte und ihren irdischen Zweck nicht nur erfüllte, sondern seiner spirituellen Pflicht mehr als nur ehrenhaft genügte. Weil Pluto fast zweihundertfünfzig Jahre für eine Sonnenumkreisung benötigt und sich in jedem Tierkreiszeichen mehr als zwanzig Jahre aufhält, werden ganze Generationen während Plutos Aufenthalt in einem bestimmten Sternbild geboren. Dafür gibt es einen Grund. Viele Astrologen bezeichnen ihn als den »Generationeneinfluss«, und genau so verhält es sich auch. Aus der karmischen Perspektive scheint es so, als ob eine Seelengeneration in einer schwierigen Vergangenheit schlimme Zeiten in einer Krise, Katastrophe oder in einem Machtkampf durchlebt und dabei vielleicht sogar ihr irdisches Leben verloren hat. Weil sie alle sich damals der Lage gewachsen zeigten, teilen sie miteinander ein und dieselbe universelle Fertigkeit, um heute Zugang zu Plutos Macht zu erlangen. Deshalb sind sie nun als Gruppe ein und demselben Plutozeichen zuzurechnen – eine Art Massenkarma, wenn man so will. Da

175

Pluto für seine Umlaufbahn sehr lange braucht, ist er zurzeit vor allem für folgende Zeichen relevant:

℮ *Krebs:* familiärer Aufruhr, häusliche Machtkämpfe und patriotische Angelegenheiten.

℮ *Löwe:* Kriege, Auseinandersetzungen um den Führungsanspruch oder Machtkämpfe um künstlerische Kreativität, romantische Liebe oder begabte Kinder.

℮ *Jungfrau:* medizinischer Umbruch, eine Krise der körperlichen Gesundheit und Regierungskatastrophen.

℮ *Waage:* sozialer Aufruhr bei Schlichtungsverfahren, Gesetzgebung, Diplomatie und Ehe.

℮ *Skorpion:* Umweltkatastrophen und katastrophale Notlagen aufgrund von Kriegen, Seuchen, Krankheiten und negativen Kräften.

℮ *Schütze:* intellektueller Aufruhr im wissenschaftlichen und politischen Denken, bei spirituellen Werten und grundlegender Philosophie.

℮ *Steinbock:* berufliche Machtkämpfe, politische Umwälzungen und öffentliche Skandale.

℮ *Wassermann:* Aufruhr im Zusammenhang mit Humanitarismus, wissenschaftlichen Entdeckungen und universeller Bruderschaft.

Zwar ist es aufschlussreich, herauszufinden, wie wir in der Vergangenheit die Macht zur Transformation erworben haben, doch tatsächlich gibt uns Pluto vor allem darüber Auskunft, in welchem Bereich der Kosmos in der Gegenwart von uns Veränderungen erwartet. Damit sind wir bis zu unserem eigenen Geburtshoroskop vorgedrungen und bis zur Eingangstür unseres Plutohauses. Ich bezeichne es gern als »unser astrologisches Arsenal«, denn dort bewahren wir all die psychologischen Kräfte und die leidenschaftlichen Wünsche auf, die wir, wenn es an der Zeit für Transformation ist, als unsere mächtigen inneren Ressourcen zum Einsatz bringen dürfen. Es ist kein Zufall, dass es sich um die gleichen Kräfte und Wünsche handelt, die wir auch dann instinktiv von der Leine lassen, wenn wir uns von Angesicht zu Angesicht mit etwas Wichtigem wie etwa einem tiefen Bedürfnis nach Rache wiederfinden. Deshalb identifiziert Pluto durch seine Plazierung im Horoskop genau die Menschen, Orte und Angelegenheiten, die in diesem Leben emotional zu beeinflussen oder psychologisch zu kontrollieren wir nun die Fähigkeit erworben haben. Sie stellen die bisher unerschlossenen Quellen dar, die das Universum uns zugänglich gemacht hat, damit wir die Aufgabe jetzt zum Abschluss bringen können – zu einem guten oder, wenn wir nachtragend sind, zu einem schlechten. Wir selbst haben die Aufgabe gewählt und verantworten die Art der Durchführung vor unserem Gewissen.

Das Plutohaus offenbart uns, wo im Leben wir immer in den Kern einer Sache oder auf jeden Fall bis zu ihren Wurzeln vordringen werden, denn dieses Haus zeigt uns, was wir brauchen, um mit unvergleichlicher Leidenschaft zu recherchieren, zu untersuchen und zu forschen. An unseren dunkleren Tagen veranlasst uns Pluto, alles zu manipulieren, zu sprengen und mit der Gewalt einer Atombombenexplosion zu vernichten. An einem Ort, an dem Zielsetzung und Leidenschaft aus lauter falschen Gründen (den unseren) Zugang zu all den entscheidenden Gewalten haben (Plutos), dürfte das kaum überraschen. Ja, es sind die Ereignisse und Umstände dieses Hauses, durch die uns Pluto auf die eine oder andere Art zwingt, unser Leben zu erneuern, die Vergangenheit hervorzuholen und uns auf irgendeine sinnvolle Weise neu zu erschaffen. Das müssen wir. Denn wir haben versprochen, die

Kraft unserer Zielsetzung und unsere Leidenschaft auf etwas anderes zu richten als nur auf unsere Obsessionen. Vielmehr wollen wir sie richten auf ein paar tiefgreifende und geradezu wundersame Transformationen unser selbst.

Das ist eine gute Sache, auch wenn es sich nicht immer so anfühlt. Es handelt sich nicht nur deshalb um die richtige Vorgehensweise, weil unsere Seele vor langer Zeit versprochen hat, das aufzunehmen und zu überwinden, was in einem vorangegangenen Leben Kontrolle über uns errungen hat, sondern auch deshalb, weil der kluge Umgang mit unserer eigenen Macht der einzige Weg ist, um die selbstgestellte Aufgabe in diesem Leben zu meistern. Angesichts all der plutonischen Energie, die uns Menschen hier unten zur Verfügung steht, ist es gut, zu wissen, dass Pluto da oben ist und uns daran hindert, uns mit ihrer Hilfe gegenseitig umzubringen. Weil unsere Welt so unvollkommen ist, hat der Kosmos uns auf die Erde geschickt, um die Sache endlich voranzubringen, und genau deshalb wurde Pluto als Hüter über all die gewaltigen Kräfte der Natur bestellt. Wir unsererseits haben das Gewissen erhalten und die Wahl und leider einen ganzen Haufen fehlgeleiteter Leidenschaften. Deshalb sollten wir uns immer daran erinnern, dass uns Plutos Machtversprechen im Geburtshoroskop zwar ausdrücklich zugesichert wird, dass jedoch seine Methoden in unserer Welt immer extrem sein werden. Pluto verlangt nicht nur, dass wir uns an die Arbeit machen, um die versprochene, unser Leben verändernde Generalsanierung voranzubringen, er beharrt auch darauf, dass unsere und aller Welt Transformation einzig und allein auf dem Weg der vollständigen und absoluten Zerstörung gelingen kann. Deshalb erhalten wir von Anfang an alle Macht selbst. Dem Prinzip des Pluto zufolge können wir nicht wirklich etwas Neues schaffen, bevor wir nicht das Alte zerstört haben. Ja, es ist dieses Prinzip, das den Geburtspluto zu unserer astrologischen Genehmigung für lebensverändernde Maßnahmen macht. Unser dem Universum gegebenes Versprechen wird uns auf die eine oder andere Weise neu erschaffen und dafür sorgen, dass unsere Erscheinung eindrucksvoll ist. Das bedeutet, dass in jedem Radixhoroskop der Geburtspluto nichts anderes ist als eine persönliche karmische Schiefertafel, die nur darauf wartet, abgewischt zu werden. Für den Rest der Welt ist es ein Segen, dass auch ein Gewissen Platz im Schulranzen hat.

Pluto im ersten Haus
♇ *in* 1

Zwar fühlen Sie sich instinktiv von mächtigen und magnetischen Persönlichkeiten angezogen, doch Sie sehen sich ebenso instinktiv veranlasst, diese zu dominieren. Die Ursache liegt in Ihrer Entscheidung, in diesem Leben Ihr ganzes physisches Machtpotenzial auszuschöpfen, um eben nicht, wie in der zurückliegenden Inkarnation, von stärkeren Menschen brutal unterdrückt zu werden.

Ihr Pluto im ersten Haus fordert Sie jedoch dazu auf, Ihre Kraft und Unabhängigkeit mit wagemutigen Handlungen an der Obergrenze Ihrer physischen Leistungsfähigkeit zu beweisen, nicht mit Gewalt und Zerstörung. Das bedeutet, Sie müssen sich und andere mit Zielsetzungen schützen, die von Verantwortungsbewusstsein und nicht von Leidenschaft und Maßlosigkeit geprägt sind. Zu Ihren Neuanfängen kommt es nur, wenn Sie Ihre inneren Dämonen besiegen und damit

Ihren größten Tyrannen ausschalten. Auch wenn Sie anderer Meinung sind, aber in diesem Plutohaus ist es nicht Ihr Überleben, das Ihren Weg zur Macht sichert, sondern es sind Ihre Führungsqualitäten. ·

Transformierende Auslöser: Ihr physischer Körper, Ihr inneres Kind, Ihr Über-Ich und jeder, der sich in Ihrem Spiegel zeigt oder, was noch schlimmer wäre, sich Ihnen in den Weg stellt.

Pluto im zweiten Haus
♇ *in* 2

Kein Wunder, dass Ihr Drang nach Reichtum, Besitz und finanziellem Gewinn manchmal solche Ausmaße annehmen kann, dass Ihnen alles andere bedeutungslos scheint. Sie haben sich für Ihr gegenwärtiges Leben vorgenommen, durch Geld Macht zu erlangen, denn Ihr zurückliegendes Leben wurde ganz und gar von Geld beherrscht.

Bevor Sie jedoch Ihr Ziel erreichen können, beharrt Pluto darauf, dass Sie Ihre Wertvorstellungen wiederbeleben, Ihre Ressourcen erneuern und Ihre Prioritäten überdenken. Ohne Zweifel setzen Ihre bedeutenden Neuanfänge mehr voraus als nur das gierige Aneignen all dessen, was irgendeinen Wert hat. Sie müssen bereit sein, einen wertvollen Aktivposten aufzugeben, um einen anderen zu gewinnen. Ja, erst dann können Sie der Welt das beweisen, woran Sie zutiefst glauben: Reichtum ist Macht.

Transformierende Auslöser: Ihr materieller Besitz, der materielle Besitz anderer, jeglicher materielle Besitz, den Sie sich aneignen wollen, und natürlich Geld.

Pluto im dritten Haus
♇ *in* 3

Kein Wunder, dass Sie über eine so große Beobachtungsgabe verfügen und über einen allesdurchdringenden Geist. In einer früheren Inkarnation standen Sie vollkommen unter der Kontrolle von Wissen und betrachten nun Wissen als etwas, was Ihnen Macht gibt über andere und, was noch wichtiger ist, über sich selbst.

Deshalb besteht Ihr Pluto im dritten Haus darauf, dass Sie außerordentlich sorgfältig mit den persönlichen Daten und den geheimen Dokumenten anderer umgehen. Offenbar sind Sie aufgefordert, sich der Macht der Sprache und der Ideen zu bedienen, um der Gemeinschaft klarzumachen, dass die »Feder« tatsächlich mächtiger ist als das Schwert. Neuanfänge hängen ab von Ihrer Fähigkeit, die Geheimnisse zu bewahren, die Ihnen Macht verleihen. In diesem Plutohaus bedeutet Wissen Macht.

Transformierende Auslöser: Geschwister, Nachbarn und Klassenkameraden, die dumm genug sind, zu meinen, sie seien Ihnen überlegen, und all jene, die es tatsächlich sind.

Pluto im vierten Haus
♇ in 4

Auf die eine oder andere Weise werden Sie in diesem Leben immer in den Schoß Ihrer Familie zurückkehren, da Sie sich entschlossen haben, genau dieses Kindheitstrauma beziehungsweise die häusliche Machtlosigkeit zu überwinden, die Ihr Leben in der vorangegangenen Inkarnation bestimmt haben.

Damit Ihnen dies gelingen kann, besteht Pluto im vierten Haus jedoch darauf, dass Sie sich schützen und anderen ein tieferes Zugehörigkeitsgefühl zu Ihnen ermöglichen, indem Sie Familiengeheimnisse offenbaren, alten Groll benennen und häusliche Missstände beseitigen und nicht etwa beerdigen oder, was noch schlimmer wäre, neue schaffen. Es ist Ihre Aufgabe, auf irgendeine bedeutsame Weise die Familie oder das häusliche Umfeld zu erneuern und nicht etwa zu dominieren. Ihre Transformationen geschehen mit Hilfe von Blutsverwandtschaft, Landbesitz oder den Wurzeln, die Sie in der Familie haben. In diesem Haus ist es Ihre Geschichte, die über die Macht verfügt.

Transformierende Auslöser: die Frau, die Sie aufgezogen hat, das Land, aus dem Sie stammen, und jeder Mann, jede Frau und jedes Kind, mit dem Sie verwandt sind.

Pluto im fünften Haus
♇ in 5

Es ist nicht verwunderlich, dass Ihnen Pluto im fünften Haus keine andere Wahl lässt, als sich kreativ auszudrücken. Für dieses Leben haben Sie sich vorgenommen, sich durch genau die großartigen Begabungen und brennenden Leidenschaften einen Machtzuwachs zu verschaffen, die Sie in einer zurückliegenden Inkarnation versklavt haben. Das bedeutet, dass Sie in anderen das künstlerische Genie wecken müssen, indem Sie auf kreative Weise Ihr eigenes erneuern.

Das kann Ihnen nur gelingen, indem Sie – statt uns emotional zu manipulieren oder, was noch schlimmer wäre, sich selbst zu zerstören – Ihr eigenes mächtiges Verlangen einsetzen, um das unsere auf leidenschaftliche Weise zu inspirieren. Zweifelsohne sind Ihre Neuanfänge nur dann möglich, wenn Sie mit Ihrem Talent ein kreatives Risiko eingehen, statt auf gefährliche Weise mit dem Leben zu spielen – ob mit Ihrem eigenen oder dem Ihrer Mitmenschen. In diesem Plutohaus liegt die Macht in der Kreativität, was bedeutet, dass Ihre Werke in der tatsächlichen Welt sehr wirksam sind.

Transformierende Auslöser: begabte Kinder, mächtige Liebhaber und all die finanziellen Investitionen, die weder das eine noch das andere hervorbringen.

Pluto im sechsten Haus
♇ in 6

Sie nehmen Ihre Arbeit und Ihre Gesundheit überaus ernst. Sie haben sich nämlich entschieden, in diesem Leben einen Machtzuwachs zu erlangen, indem Sie genau die Unfähigkeit und die körperlichen Leiden ausgleichen, die in der Vergangenheit dafür sorgten, dass Sie sich unfähig, unproduktiv und machtlos gefühlt haben.

Damit Ihnen dies gelingen kann, verlangt Pluto, dass Sie spezielle Fertigkeiten entwickeln oder sich ein entsprechendes technisches Wissen aneignen, um damit die Qualität unseres heutigen Lebens zu verbessern. Das bedeutet, Sie müssen sich selbst schützen und andere ermächtigen, indem Sie gleichermaßen für die praktischen Dienstleistungen sorgen, die wir so dringend brauchen, wie auch für die physische Perfektion, nach der Sie sich von Geburt an sehnen. Ihre Neuanfänge gelingen Ihnen, wenn Sie die Wirklichkeit der körperlichen Fitness »neu erfinden«, statt nur zwanghaft über sie zu grübeln. In diesem Haus bedeutet das Erbringen einer Dienstleistung Macht.

Transformierende Auslöser: jeder tyrannische Chef, herrische Kollegen, schimpfende Mitarbeiter oder unvorhersehbare Gesundheitsrisiken, denen Sie sich am Arbeitsplatz stellen müssen oder, was noch schlimmer wäre, denen wir in Ihrer Person entgegentreten müssen.

Pluto im siebten Haus
♇ *in* 7

Sie haben keine andere Wahl, als Partner anzuziehen, die willensstark, dominant und manipulativ sind. Sie haben sich entschieden, in diesem Leben ein wichtiger Beziehungspartner zu werden, indem Sie die durch emotionalen Missbrauch bestimmten Beziehungen überwinden, die in einem früheren Leben Macht über Sie hatten.

Deshalb besteht Pluto im siebten Haus darauf, dass Sie sich schützen und andere verteidigen, indem Sie alles tun, um Unterdrückung zu verhindern, Vertrauen aufzubauen und Gleichgewicht in Beziehungen herzustellen – aber natürlich nur auf legalem Wege und unter ethisch-moralisch vertretbaren Gesichtspunkten. Ihre Neuanfänge hängen davon ab, ob es Ihnen gelingt, Streit zu schlichten und die gesetzmäßige Gleichberechtigung für all diejenigen einzuführen, die ihrer am meisten bedürfen. Das erreichen Sie keinesfalls, indem Sie auf Gleichberechtigung für sich verzichten oder sie zu Ihren Ungunsten manipulieren. Ja, Sie dürfen niemals etwas an einen Partner abgeben, was Sie nicht auch für sich selbst einklagen könnten. In diesem Haus bedeutet Gleichheit Macht.

Transformierende Auslöser: unerträgliche Ehepartner, unbewegliche Partner, unauflösbare Verträge und alle skrupellosen Anwälte, die sich hinter ihnen verbergen.

Pluto im achten Haus
♇ *in* 8

Obgleich Sie mit unbezähmbarer Lebenskraft und mit einem sehr klaren Bild vom Grund Ihres Hierseins gesegnet sind, lassen Sie sich gelegentlich derart von Zynismus und Verzweiflung überwältigen, dass Sie eine ärgerliche Defensivität und eine entsprechende Ausrichtung ausschließlich auf Ihr Überleben entwickeln. Sie haben sich entschlossen, in dieser Inkarnation genau die kritischen Einflüsse und katastrophalen Kräfte zu überwinden, die in Ihrem vorangegangenen Leben dafür gesorgt haben, dass Sie sich verlassen, ungeschützt oder machtlos gefühlt haben.

Kein Wunder, wenn Pluto im achten Haus nun darauf besteht, dass Sie sich erneuern und andere durch die umsichtige Verwaltung von lebensverändernden Maßnahmen schützen. Ohne Zweifel müssen Sie Ihre Neuanfänge schaffen, indem Sie mächtige Reserven aufdecken, einen Zugang zu bedingungslosem Vertrauen finden und geschickt über beides die Kontrolle bewahren, sie dabei aber weder missbrauchen noch manipulieren. In diesem Plutohaus heißt Nähe Macht.

Transformierende Auslöser: Ihre erste Begegnung mit dem Tod, Ihre frühen Begegnungen mit der Sexualität sowie jeglicher Ärger mit dem Finanzamt.

Pluto im neunten Haus
♇ *in* 9

Pluto im neunten Haus weckt ein so starkes Bedürfnis nach Wahrheit, Gerechtigkeit und Abenteuer in Ihnen, dass Sie sich nicht nur getrieben sehen, fremde Kulturen zu verstehen, weitentfernte Orte zu erforschen und sich neue Philosophien zu erschließen, sie werden auch zutiefst von ihnen beeinflusst. Dies geschieht vor allem deshalb, weil Sie sich für das gegenwärtige Leben zu einem intellektuellen Machtzuwachs entschlossen haben, um all die spirituellen, akademischen und physischen Grenzen, die Ihnen im vorangegangenen Dasein auferlegt worden waren, aus dem Weg zu räumen.
Erreichen können Sie Ihr Ziel nur, wenn Sie furchtlos das Unbekannte erforschen und mutig das Unmögliche zu verwirklichen suchen. Ihre Neuanfänge treten nur dann ein, wenn es Ihnen gelingt, uns alle mit Ihren Entdeckungen aufzuklären, ohne uns dabei jedoch mit Ihren Überzeugungen in Angst und Schrecken zu versetzen. Offenbar sollen Ihre moralischen Ansichten Ihre Mitmenschen zu eigenen inspirieren, statt sie zu dominieren. In diesem Plutohaus heißt intellektuelle Freiheit Macht.

Transformierende Auslöser: alle anmaßenden Lehrer, Politiker, Fremden oder Schwiegereltern, die nicht darauf verzichten wollen, Ihnen ihre Meinung aufzuzwingen.

Pluto im zehnten Haus
♇ *in* 10

Obgleich Sie Autoritätspersonen nur äußerst widerwillig die Kontrolle über Ihr Leben einräumen, fühlen Sie sich zugleich ebenso stark angezogen von Menschen in öffentlichen Ämtern und auf Positionen, die ihnen soziale Macht verleihen. Um die Manipulation und den Missbrauch zu überwinden, die Sie in der Vergangenheit durch Höhergestellte erdulden mussten, haben Sie sich entschieden, in dieser Inkarnation selbst eine mächtige, prominente Persönlichkeit zu werden.

Bevor Sie jedoch mit Ihren Bestrebungen vorankommen können, beharrt Pluto im zehnten Haus darauf, dass Sie sich und andere vor zerstörerischen Einflüssen schützen. Das bedeutet, Ihre Neuanfänge hängen von Ihrer Fähigkeit ab, offen innerhalb der beruflichen Regeln zu handeln und sie irgendwie zu transformieren, ohne uns dabei zu dominieren. In diesem Plutohaus heißt öffentlicher Status Macht.

Transformierende Auslöser: die Regeln, denen man folgen muss, die Vorschriften, denen man sich nicht entziehen kann, und die Eltern, Vorgesetzten, Politiker und Kontrollsüchtigen, die sie Ihnen immer wieder ins Bewusstsein rufen.

Pluto im elften Haus
P *in* 11

Sie werden Ihre Freundschaften mit bedeutenden Menschen und Ihre Mitgliedschaft in mächtigen Organisationen immer als wichtige Quelle des persönlichen Machtzuwachses betrachten. Sie haben recht. Sie haben sich entschlossen, in diesem Leben ein mächtigeres Mitglied der Gesellschaft zu werden, indem Sie sich denjenigen Personen anschließen, die Sie darin unterstützen können, genau die sozialen Bedingungen zu reformieren, von denen Sie sich in der Vergangenheit zerstört oder kontrolliert gefühlt haben.

Deshalb besteht Pluto im elften Haus darauf, dass Sie sich schützen und die Gesellschaft revolutionieren, indem Sie sie neu erfinden, und das heißt, Netzwerke mit den Mächtigen zu knüpfen und Freizeitvergnügungen zu entwickeln, die Ihre idealistischen Ziele fördern, statt sie zu manipulieren und zu missbrauchen oder, was noch schlimmer wäre, Sie zu zerstören. Ihre Neuanfänge bedürfen Ihrer besten Partner. In diesem Haus heißt soziale Mitbestimmung Macht.

Transformierende Auslöser: die mächtigen Freunde, die Sie nicht kennen, und die verräterischen, die Sie zu durchschauen meinen.

Pluto im zwölften Haus
♇ *in* 12

Sie können gar nicht anders, als Ihr Bewusstsein auszudehnen und Ihre unbewussten Fähigkeiten zu entwickeln. Sie haben sich für einen Machtzuwachs in diesem Leben entschieden, weil Sie bereitwillig jene schmerzhaften emotionalen Erfahrungen und traumatischen psychologischen Ereignisse heilen wollen, die Sie und Ihre Seele viele Leben lang gefesselt haben.

Deshalb besteht Pluto im zwölften Haus darauf, dass Sie sich schützen und andere rehabilitieren, indem Sie die Geheimnisse des Unbewussten aufdecken, emotionale Leiden untersuchen und die psychologischen Schwächen begreifen, die Sie beim letzten Mal traumatisiert und uns alle jeden Tag aufs Neue bedroht haben. Ihr Mitgefühl für die Schwachen muss die Therapie der Seele einschließen. Ihre Neuanfänge hängen davon ab, ob Sie unser emotionales Leben heilen können, indem Sie Ihr unsterbliches Leben untersuchen. In diesem Plutohaus heißt Vergebung Macht.

Transformierende Auslöser: mächtige Geheimnisse, Wünsche und Ressentiments, die Sie unbewusst vergraben, um sich zu schützen, und hervorholen, um uns zu vernichten.

8
Das zwölfte Haus:
Ihre karmische Dunkelkammer

Willkommen im zwölften Haus Ihres Geburtshoroskops oder, wie ich es gern nenne, in der Petrischale für Ihre karmische DNA-Analyse. Für diejenigen von Ihnen, die sich mit diesem Bereich des Horoskops nicht so gut auskennen, sei gesagt, das zwölfte Haus steht für die abschließende Lebensphase und wird aus offensichtlichen Gründen als »astrologisches Heim der Seele« bezeichnet. Für die meisten Astrologen spiegelt das zwölfte Haus Ihre spirituelle Entwicklung und Ihre karmische Reise einfach deshalb, weil es für sie jenen Punkt im Universum repräsentiert, der Ihre unbewusste Vergangenheit birgt. In diesem Tortenstück Ihres Geburtshoroskops bewahrt Ihr inneres Ich Erinnerungen und Eindrücke der Person, die Sie in Ihren vorangegangenen Leben waren, des Menschen, der Sie unter der Oberfläche sind, und überhaupt alles, was nicht offensichtlich ist. Stille Wasser sind tief, und das gilt auch für das zwölfte Haus. So muss es sein.

Einige der pessimistischeren Sterndeuter halten diesen Schlussstein des Geburtspuzzles für das Haus der Geheimnisse, Kümmernisse und der Selbstzerstörung, andere jedoch sehen darin den Ort der Träume, des Glaubens und des Schicksals.

Der Bereich hat viele Namen, doch astrologische Tatsache ist, dass das zwölfte Haus all diese Erwartungen gleichermaßen erfüllt, und zwar aus einem ganz bestimmten Grund. Es ist das Tor zur Vergangenheit – Ihrer Vergangenheit. Habe ich Sie neugierig gemacht? Nun, das ist beabsichtigt. Doch wenn es um die karmische Nachbarschaft in Ihrem Geburtshoroskop geht, sollten Sie vorsichtig sein. Nicht nur deshalb, weil der Kosmos die geheimnisvolle Konstellation Fische und deren vieldeutigen herrschenden Planeten Neptun zum offiziellen Bewohner des zwölften Haus berufen hat, sondern auch weil gemäß des karmischen Kodes nichts unter ihrem Dach so ist, wie es auf den ersten Blick zu sein scheint. Hinter diesen traurigen Mauern ist nichts Klares, Definitives oder Realistisches zu finden, und deshalb wird Ihre Perspektive jedes Mal dann in Gefahr sein, wenn Sie anfangen, dort auf eigene Faust herumzustochern. Tut mir leid, aber so sind die Regeln dieses Hauses. Wenn Sie also nach Antworten suchen, dann betreten Sie es auf eigenes Risiko, aber nicht, ohne ein wenig kosmische Vorsicht walten zu lassen. Wenn es eines gibt, worin alle Astrologen einer Meinung sind, dann darin, dass das zwölfte Haus der einzige Ort im Geburtshoroskop ist, der ebenso irreführend wie erhellend sein kann. Das Gleiche gilt auch in Hinblick auf die Vergangenheit.

Wann immer wir uns mit diesem letzten Haus unseres Geburtshoroskops befassen, öffnen wir, ohne es zu wissen, die Dunkelkammer der Seele und wagen uns direkt in das Territorium von Fischen und Neptun. Hier, in diesem längst vergangenen Refugium der schmerzhaften Erinnerungen und wertvollen Erfahrungen, bewahrt unsere Seele die Entwürfe für all unsere vorangegangenen und irgendwie unangenehmen Triumphe, Missetaten und die unbewussten Muster unserer Gewohnheiten. Folglich ist das zwölfte Haus stets irgendwie von Vorahnungen erfüllt, ein wenig trügerisch, geheimniskrämerisch und berauschend; und ebendas erklärt unsere Faszination. Genau so wollen Neptun und die Fische es haben. Zwar erwarten sie nicht, dass wir uns die Füße abstreifen, bevor wir ihr Territorium betreten. Aber sie wollen, dass wir Opfer bringen und Blut, Schweiß und Tränen investieren – und so wird es sein, denn wir haben gar keine andere Wahl. Weil wir immer dann, wenn wir uns diesem Haus zuwenden, gezwungen sind, uns mit unseren Träumen und Alpträumen unserer unmittelbaren Vergangenheit zu beschäftigen, mit genau den Bildern, die uns zu dem machen, was wir heute sind, indem sie uns ständig an das erinnern, was wir gestern nicht erreicht haben.

Warum beschäftigen wir uns dann überhaupt mit diesem Haus? Weil wir es müssen. Weil unsere Seele hier all die Verhaltensweisen, Einstellungen, Stärken und Schwächen versteckt hat, die uns in einem vorangegangenen Leben zu unerträglich schienen, um uns mit ihnen auseinanderzusetzen – oder vielleicht verbargen sich hinter ihnen Maßstäbe, denen wir nicht gerecht werden konnten. Wir müssen uns ihnen stellen, weil es sich um die gleichen unangenehmen Angelegenheiten und Eigenheiten handelt, denen wir uns, aus welchen Gründen auch immer, in einer zurückliegenden Inkarnation verweigert haben – all die Dinge, die wir nie als das erkannt haben, was sie tatsächlich sind, immer nur als das, was wir sehen wollten oder, in vielen Fällen, wozu wir sie gemacht hatten.

Ja, wir haben uns ihnen nicht nur verweigert und sie in unsere karmische Dunkelkammer abgeschoben, sondern wir haben sie vergraben, aber erst nachdem wir einen guten Teil unseres letzten Lebens damit zugebracht haben, sie zu leugnen, zu ignorieren, oder aber in ihnen zu versinken. Deshalb haben wir versprochen, uns ihnen dieses Mal zu stellen, nicht, um sie zu heilen, zu richten oder anzunehmen, nicht einmal, um sie zu besiegen, nein, wir haben nur versprochen, dass wir die Dunkelkammer öffnen, ihren Inhalt heraus ans Tageslicht bringen und für alle Zeiten aufhören wollen, ihn zu verstecken. Denn die einzige Möglichkeit, um diese falschprogrammierten Erinnerungen daran zu hindern, uns spirituell zu lähmen und psychisch zu verstümmeln, besteht darin, sie aus den dunklen und unbewussten Ecken des zwölften Hauses herauszuholen und in einen bewussteren Bereich unseres Lebens zu schieben, wo sie uns nicht mehr länger untergraben können – in den Teil unseres Daseins, der von Tageslicht erfüllt ist, in jedes andere Haus, nur nicht das zwölfte.

Das hört sich zwar nach einer ganzen Menge Spaß an, doch darf nicht vergessen werden, dass sich die Seele immer mit dem Vertrauten verbinden will, egal, ob es sich um eine Person, eine Situation oder um eine Verletzung handelt. Weil alles, was sich im zwölften Haus befindet, von unserer Psyche dorthin geschafft worden ist, wird sich unsere unkritische Seele immer dann, wenn wir diese interessante Tür öffnen oder auch nur durch das karmische Schlüsselloch schauen, in die Arme all dieser wehmütigen Sehnsüchte seiner vertrauten Vergangenheit werfen. Und dann können wir nicht anders, als uns vor all dem zu drücken, was wir in dieser unvertrauten Gegenwart tun sollten – wichtige Aufgaben, wie etwa im Sonnenhaus hell strahlen, die Saturnlektion lernen oder auch nur uns unter den neptunischen Schubsern fortducken. Wer also sorglos das Herzeleid von gestern neu entfacht, der macht es zu der vorrangigen Angelegenheit von heute und damit zum unvermeidlichen Leiden von morgen.

Gibt es irgendetwas Selbstzerstörerischeres, als sich die Unzulänglichkeiten, die uns gestern gequält haben, heute wieder neu aufs Tablett zu legen und zugleich die Begabungen zu vernachlässigen, die wir auch im vorangegangenen Leben schon verschwendet haben? Natürlich nicht, aber wir reden schließlich vom zwölften Haus. Was könnte besser zu den Fischen passen, als den eigenen karmischen Fußstapfen zu folgen, oder zu Neptun, als sich dessen nicht einmal bewusst zu sein? Nichts. Und damit wird die Vergangenheit zur Zukunft, und die Geschichte wiederholt sich. Unsere Geschichte – und auf die Bühne treten Geheimnisse, Leiden und Selbstzerstörung.

Ist es denn wirklich ein Wunder, dass das zwölfte Haus uns eine so schlechte Presse verschafft? Da es der einzige Platz im Geburtshoroskop ist, wo wir intuitiv das Gestern bewahren und hilflos das Morgen vernachlässigen, wo wir ein ums andere Mal Laster mit Tugend verwechseln und wo wir meinen, zu schwimmen, obwohl wir untergehen, dürfen wir nicht überrascht sein. Es ist unser ganz persönliches Spukhaus, das uns die Wahl lässt zwischen Heiligsprechung und ewiger Verdammnis.

Nach dem Willen Neptuns hängt unsere spirituelle Zukunft von unserer Fähigkeit ab, uns mit den Erinnerungen an das Gestern zu konfrontieren, ohne uns im Heute mit Geist, Körper und Seele aus reiner Nostalgie von ihnen aufsaugen zu lassen. Sie sollen verwirrt sein, so lauten die Regeln des Hauses. Wie könnten wir je einen Ort begreifen, an dem wir ebenso häufig beschenkt und inspiriert wie betrogen und schikaniert werden? Gar nicht, und das ist typisch für Fische und Neptun, denn sie würden es nie zulassen, dass auch nur irgendjemand ihren kleinen Bereich des Universums durchschaut. Sie bestehen lediglich darauf, dass wir uns damit beschäftigen, und zwar erst dann, wenn wir unsere Suche nach der einen »Angelegenheit«, die niemals von selbst kommt, ernst mei-

nen: die Suche nach Erleuchtung. Deshalb ist die Sternen-
konstellation, die sich zum Zeitpunkt unserer Geburt in diesem Haus befindet, ihre zweideutige Art, uns an unsere
Stärken zu erinnern, uns vor unseren Schwächen zu warnen
und damit auch sogleich beides in unserem Unbewussten zu
vergraben. So sind die Regeln des Hauses.

Zum Glück müssen wir nur aus jener erhobenen Perspektive
auf unser Geburtshoroskop blicken, um zu erkennen, dass
sich der beherrschende Planet dieses Tierkreiszeichens an anderer Stelle im Horoskop wiederfindet und uns damit einen
hilfreichen Hinweis darauf gibt, wohin wir unterwegs sein
sollten, was wir herausfinden, indem wir unser kosmisches
Licht darauf richten, woher wir kommen. Genau das ist nicht
nur Sinn und Zweck des zwölften Hauses, sondern auch seine
wichtigste Lektion. Wenn wir uns unsere Zukunft erschließen
wollen, dann müssen wir zunächst unsere Vergangenheit aufgeben. Ironischerweise besteht die eigentliche Schwierigkeit
in diesem von Illusionen und Verwirrung beherrschten Haus
darin, Zukunft und Vergangenheit auseinanderzuhalten –
Kompliment an Fische und Neptun ...!

Widder im zwölften Haus: Mars herrscht ♈ in 12: ♂

Die vorherige Existenz Ihrer Seele war geprägt von persönlicher Unabhängigkeit und physischem Ehrgeiz. Obgleich Sie
damals als eine Kraft galten, mit der man rechnen musste,
zwang Sie eine lähmende persönliche Niederlage, Ihre Selbst-

achtung im zwölften Haus zu begraben. In der Folge ist Ihr Ego im gegenwärtigen Leben nur schwer zu fassen, was Sie überraschenderweise aggressiv und viel wettbewerbsorientierter macht, als Sie auf den ersten Blick zu sein scheinen, und insgeheim mit unbewusster Wut aus der Vergangenheit belastet.

Leider wächst sich dieser verborgene Zorn, wenn Sie sich ihm nicht zuwenden, zu einem tödlichen Nachteil für Sie und zu einer verborgenen Gefahr für andere aus. Aus Ihrer Vergangenheit bringen Sie die Fähigkeit mit, geschickt hinter den Kulissen zu handeln, sowie eine Vorliebe für geheime Planungen oder versteckte Handlungen. Zugleich sind Sie erfüllt von einer Neigung zu den tieferen Geistesebenen, zu denen Sie sich mit Hypnose, Traumarbeit oder Psychologie Zugang verschaffen wollen. Ihr tiefverwurzelter Mut und Ihre instinktive Entschiedenheit sind Ihre verborgenen Stärken, doch das ungeduldige Ego, mit dem sie verbunden sind, wird mit großer Wahrscheinlichkeit in diesem Leben ebenso viel Zerstörung anrichten wie im vorangegangenen. Leidenschaften sind Ihre Schwäche. Im Bereich Sex und körperliche Attraktivität äußert sich Ihre Suchtgefährdung. Bisher vermeiden Sie die Führungsrollen, zu denen Sie sich eigentlich hingezogen fühlen, indem Sie sich lieber in gefährliche Situationen begeben oder mit streitsüchtigen Menschen einlassen. Es ist an der Zeit, sich ernstlich um die Einstellung solchen Verhaltens zu bemühen.

Zu den Einflüssen und Erfahrungen der Vergangenheit gehören: physischer Wettbewerb, Polizeiarbeit, Kampfkünste, Waffen, die Armee, Politik, Psychologie oder Chirurgie. Sie haben das Zeug zu einem unerträglichen Tyrannen im Schafspelz.

Kosmischer Rat: Halten Sie sich fern von scharfen Gegenständen, die sich in den Händen von wütenden Widersachern befinden.

Stier im zwölften Haus: Venus herrscht
♉ in 12: ♀

Die vorherige Existenz Ihrer Seele war geprägt von persönlichem Vergnügen, materieller Fülle und fassbarer Produktivität.
Dieser üppige Lebensstil hatte jedoch seinen Preis, denn um
physischer Bequemlichkeit und materieller Sicherheit willen
mussten Sie in Ihrem zurückliegenden Leben Ihre persönlichen Werte unterdrücken. Folglich sind Sie heute im Ausdruck
Ihrer Talente und Ihrer Zuneigung sowie in Ihrem Glück außerordentlich gehemmt. Das erklärt nicht nur, warum Sie tatsächlich viel freundlicher, sympathischer und verletzlicher
sind, als Sie sich den Anschein geben, sondern auch, warum
Sie im höchsten Grade anfällig für Schmeicheleien und ein
leichtes Opfer für jeden sind, der Ihnen Sicherheit bietet. Mit
Ihrer ausgesprochenen Neigung zu Geschmackvollem und
Edlem sind Sie außerdem weit sinnlicher veranlagt, als Sie
irgendjemanden wissen lassen möchten. Weil Sie süchtig nach
sinnlicher Befriedigung sind, sind physische Freuden Ihre
Schwäche.
Ohne Zweifel fällt es Ihnen nicht leicht, sich von alten Gewohnheiten zu verabschieden und das Leugnen bleiben zu
lassen, denn Ihre frühere Unfähigkeit, die Fehler anderer Menschen zu durchschauen, macht Sie heute anfällig für Täu-

schungen und Enttäuschungen in Liebesdingen. Ihr stark ausgeprägtes Wertesystem ist Ihre verborgene Stärke, doch schöne Gegenstände, wertvolle Besitztümer und nicht zuletzt bare Münze ruinieren Ihnen auf die eine oder andere Weise dieses wie Ihr letztes Leben. Sie müssen Ihre unterdrückte künstlerische Begabung pflegen, damit Sie aufhören, unbewusst genau den materiellen Reichtum und die finanzielle Stabilität zu meiden, von der Sie behaupten, dass Sie sie erlangen wollen.

Zu den Einflüssen und Erfahrungen der Vergangenheit gehören: Kunst, Musik, Design, Bankwesen, Landwirtschaft, Bauwesen und Architektur. Sie sind erheblich entschlossener, als wir wissen, und noch viel dickköpfiger, als Sie selbst es ahnen.

Kosmischer Rat: Befreien Sie sich von Schuldgefühlen. Sie machen Sie faul und treiben uns in den Wahnsinn.

Zwillinge im zwölften Haus: Merkur herrscht
♊ *in* 12: ☿

Die vorherige Existenz Ihrer Seele war geprägt von geistiger Stimulierung und gesellschaftlicher Netzwerkarbeit. Als Ideen, Mitteilungen oder andere Informationen, die Sie in Ihrem zurückliegenden Leben ausgetauscht haben, zu schweren Verlusten oder Einschränkungen führten, zwangen Sie Ihre überwältigenden Schuldgefühle, Ihre hohe intellektuelle Schaffenskraft zu begraben. Zwar sind Sie aufgrund dieser geistigen Unterdrückung im Ungewissen über die Klarheit Ihrer Ausdrucksweise und die Wirksamkeit Ihrer Gedanken, doch dafür verfügen Sie nun über eine direkte Verbindung zu Ihrem Unbewussten. Ja, Sie argumentieren nicht nur besser, wenn Sie erschöpft sind, Sie verfügen außerdem über eine gute Intuition, träumen lebhaft und haben eine Gabe für außersinnliche Wahrnehmungen.

Ihr Denken spielt sich offenbar auf der unbewussten Ebene ab und lässt Ihnen Ihre tiefe Einblicke gewährenden Eindrücke mehr instinktiv als logisch erscheinen. Offenbar hat die Vergangenheit in Ihnen den Wunsch gefestigt, Informationen weiterzugeben – so erklärt sich Ihre Unfähigkeit, ein Geheimnis für sich zu behalten, und Ihre ärgerliche Angewohnheit, das zu offenbaren, was lieber hätte verschwiegen werden sollen. Naheliegend, dass Ihre verantwortungslos gemachten Mitteilungen in der Vergangenheit Ihren Sturz verursacht haben. Und noch naheliegender ist es, dass sie auch in diesem Leben ein Problem für Sie darstellen. Ihre Anpassungsfähigkeit und Ihr Intellekt sind Ihre verborgenen Kräfte. Übermäßige Neugier und ein zwanghafter Drang zum Klatschen sind ohne Zweifel Ihre zerstörerischen Schwächen. Vermutlich mussten Sie in der Vergangenheit den Verlust eines Zwillings oder Geschwisters erleiden und vermeiden nun unbewusst enge Geschwisterbindungen, indem Sie stattdessen die Rolle des »geschwisterlichen Fußabstreifers« annehmen.

Zu den Einflüssen und Erfahrungen der Vergangenheit gehören: Unterrichten, Schreiben, Journalismus, Handel, Akademikertum, PR-Arbeit und Logistik.

Kosmischer Rat: Gewöhnen Sie sich Ihre Neugier ab. Es gibt ein paar Angelegenheiten, die nicht einmal Sie erfahren müssen.

Krebs im zwölften Haus: Der Mond herrscht ♋ in 12: ☽

Die vorherige Existenz Ihrer Seele war geprägt vom Wachen über Heim und Herd, Familie, Vaterland oder über das Erbe der Ahnen. Leider jedoch mussten Sie in Ihrer früheren Inkarnation Ihre Fürsorge und Ihre wachsame Aufmerksamkeit um emotionaler Nahrung und häuslicher Sicherheit willen unterdrücken. Aus diesem Grund sind heute Ihre elterlichen Instinkte und Gefühle der Hingabe sehr ausgeprägt und sorgen dafür, dass Ihre bemerkenswerte Überlebensfähigkeit, Ihre unerschütterliche Heimatliebe und Ihre überlegenen Fürsorgefähigkeiten erst dann auffallen, wenn man sie auf die Probe stellt. Aus dem gleichen Grund sind Sie erstaunlich launisch und viel verletzlicher, als auf den ersten Blick sichtbar wird, und das, obwohl Sie sich den Anschein geben können, von Kritik und Zurückweisung unberührt zu bleiben.

Ohne Zweifel sind Beharrlichkeit und Loyalität ebenso Ihre verborgenen Stärken, wie Essen und Trinken Ihre Schwächen darstellen. Ihre Unfähigkeit, alten Schmerz loszulassen, war bereits im letzten Leben Ihr Verderben und wird leider auch in diesem Ihr Unglück sein. Die Vergangenheit hat in Ihnen ein tiefes Bedürfnis nach Nähe genährt, das sich heute als Neigung zu Zurückgezogenheit, Geheimniskrämerei oder Abgeschiedenheit im häuslichen wie im sozialen Bereich manifestiert und erklärt, warum Sie, ohne sich dessen bewusst zu sein, das schöne Zuhause und die glückliche Familie vermeiden, nach der Sie sich sehnen, indem Sie Ihre Mitmenschen mit Fürsorge geradezu ersticken. Ihre tiefe Beeinflussung durch Ihre Mutter und Ihre Kindheit verweist auf eine eindeutig karmische

Verbindung zu einem oder zu beiden Elternteilen – aber das wussten Sie ja bereits.

Zu den Einflüssen und Erfahrungen der Vergangenheit gehören: Patriotismus, Geschichte, Familienforschung, Kochen, Hausfrauen-/-mannarbeit, Laden- oder Hausbesitz.
Kosmischer Rat: Geben Sie Ihren Groll auf. Manche Erinnerungen lohnt es nicht zu bewahren.

Löwe im zwölften Haus: Die Sonne herrscht ♌ in 12: ☉

Die vorherige Existenz Ihrer Seele war geprägt von ausgezeichneter Leistung, kreativer Strahlkraft und mutiger Führerschaft. Leider hat die zurückliegende Inkarnation Ihrer Selbstachtung so sehr zugesetzt, dass Ihrem Ego nichts anderes übrigblieb, als sie hier im zwölften Haus zu begraben. So erklärt sich, warum Ihre Fähigkeit zu absoluter Dominanz und wirkungsvollster Herrschaft heute so gut verborgen ist. Ja, Ihr erstaunlicher Einfluss und Ihre unglaubliche Willenskraft sind zugleich Ihre verborgenen Stärken und Ihre geheimen Waffen, da sie immer erst dann offenbar werden, wenn wir es bereits mit ihnen zu tun haben. Ihr mächtiges Ego und Ihr extremer Stolz waren bereits in der Vergangenheit die Ursache für Ihren Ruin und erweisen sich auch jetzt wieder als ebenso herrisch und lästig. Ihre Leidenschaft für Liebe und Romantik stellt Ihre Sucht dar. Wenn sie Sie zu jenen geheimen Verabredungen und verbotenen Affären verleitet, dann begegnen Sie in ihnen Ihren gefährlichen Schwächen.

Am besten arbeiten Sie allein, unabhängig oder abgeschieden von anderen, denn die Vergangenheit hat in Ihnen eine Abneigung davor genährt, für andere verantwortlich zu sein. Folglich gehen Sie nun unbewusst Führungspositionen, einer Befehlsgewalt und Elternschaft aus dem Weg, indem Sie Ihre Partner um deren Einkommen willen auswählen, Ihre Kreativität unterdrücken oder ungesunde Liebschaften anziehen. Tief beeinflusst von Ihrem Vater und anderen Autoritätspersonen, richtet sich Ihre eigene Macht in diesem Leben auf Heilung, Beschränkungen oder die unbewusste Vergangenheit. Überraschenderweise sind Sie häufig die graue Eminenz hinter dem Thron. Weniger überrascht es uns, dass diese Tatsache Ihr bestgehütetes Geheimnis ist.

Zu den Einflüssen und Erfahrungen der Vergangenheit gehören: Herrschaft, Politik, Königtum, Führerschaft, Entertainment, Künstlertum oder Lehre.
Kosmischer Rat: Wenn Sie wirklich auf den Applaus des Publikums aus sind, dann müssen Sie sich auch ins Rampenlicht begeben.

Jungfrau im zwölften Haus: Merkur herrscht
♍ in 12: ☿

Die vorherige Existenz Ihrer Seele war geprägt von Pflichterfüllung und dem praktischen Dienst an anderen. Da Sie sich in Ihrem zurückliegenden Leben Spitzenleistungen verschrieben hatten, hat Sie Ihre Unfähigkeit, irgendeine Art von Vollkommenheit zu erreichen, in Ihrem gegenwärtigen Dasein veranlasst, Ihren scharfen Verstand im zwölften Haus zu verbergen. Folglich sehen Sie sich nun ständig genötigt, Ihre schneidenden analytischen Fähigkeiten und Ihre logischen Lösungsmodelle zu verteidigen, weil Sie nie die Anerkennung zu erhalten scheinen, die Sie verdienen. Ohne Zweifel ist Ihnen das eine Last, und da Sie Ihr kritisches Denkvermögen so sehr unterdrückt haben, muss Ihre geistige Last grenzenlos sein. Sie sind nicht nur von überraschender Achtsamkeit, Sie verfügen auch über ein tiefgründiges und instinktives Organisationstalent und verstehen sich ebenso gut aufs Recherchieren. Die tiefe Hingabe an sorgfältige Detailtreue, die von anderen so gern vernachlässigt wird, ist Ihre verborgene Stärke.

Ihre Süchte liegen im Bereich Arbeit, Gesundheit und Fitness, aber nur deshalb, weil sich in Ihrem Wunsch, nützlich zu sein, Ihre Schwäche manifestiert. Überarbeitung und Krittelei waren bereits in Ihrem letzten Leben Ihr Verderben; und es scheint, dass Sie sich für eine Wiederholung rüsten. Die Vergangenheit hat Sie auf überwältigende Weise verpflichtet, die unvermeidlichen Fehler der Wirklichkeit zu korrigieren. Unglücklicherweise kann diese unbewusste Fixierung auf Vollkommenheit Sie tatsächlich dazu veranlassen, die gesuchte ideale Effizienz zu meiden, indem Sie sich von fehlerhaften Daten, chaotischen Personen und unmöglichen Situationen angezogen fühlen. Sie können jetzt also aufhören, sich darüber zu wundern, warum wir so inkompetent und Sie so neurotisch sind.

Zu den Einflüssen und Erfahrungen der Vergangenheit gehören: Unterrichten, Schreiben, kritisches Analysieren, Buchführung, Medizin, Technik und Handwerk.

Kosmischer Rat: Hören Sie auf, sich Sorgen zu machen. Sie sind immer noch am Leben, und der Himmel wird Ihnen auch nicht auf den Kopf fallen …

Waage im zwölften Haus: Venus herrscht ♎ in 12: ♀

Die vorherige Existenz Ihrer Seele war geprägt von Zusammenarbeit und Partnerschaft. Etwas schwach und abhängig, wie Sie sich in der zurückliegenden Inkarnation fühlten, haben Sie Ihr Glück im zwölften Haus Ihres Geburtshoroskops begraben, indem Sie Ehe oder Partnerschaft als Fluchtweg für sich in Anspruch nahmen. Dabei haben Sie Ihre Selbstachtung aufgegeben, Ihre Liebe unter Hausarrest gestellt und Ihre Begabungen unterdrückt, während Sie sich auf irgendeine missbräuchliche oder masochistische Weise für ein vermeintliches Leben in Luxus und Sicherheit zum Opfer haben machen lassen. So erklärt sich nicht nur, warum Sie heute derart anfällig sind für Schmeicheleien und Zuneigungsbekundungen, sondern auch, warum diese durch Kontrolle geprägten Beziehungen noch nicht der Vergangenheit angehören. Ohne Zweifel stellt Ihre Leidenschaft für Beziehungen Ihre Sucht dar. Ihre Abhängigkeit von anderen ist Ihre größte Schwäche.

In Ihnen schlummern künstlerische Fähigkeiten oder musikalische Begabungen, die Sie in der Vergangenheit unterdrückt und deren Hervortreten Sie auch in diesem Leben durch Zurückweisung, Verlust oder Kritik erneut verhindert haben.

Dass Sie in Ihrem vorangegangenen Leben andere mit Ihrem Reichtum oder Ihrem guten Aussehen manipuliert haben, war schon damals Ihr Verderben. Bemerkenswerte diplomatische Fähigkeiten und ein ausgeprägter Gerechtigkeitssinn sind Ihre verborgenen Stärken. Die Vergangenheit hat in Ihnen das starke Bedürfnis geweckt, Ihren Status zu verbessern und Ihre Persönlichkeit zu stärken, indem Sie sich an einen mächtigen Menschen binden. Kein Wunder, dass Sie unbewusst einer idealen Ehe oder Beziehung aus dem Weg gehen, indem Sie sich von dominierenden Partnern und manipulierenden Menschen anziehen lassen – so viel Märtyrertum in solch einem kurzen Zeitraum!

Zu den Einflüssen und Erfahrungen der Vergangenheit gehören: Musik, die Künste, Design, Modeln, Öffentlichkeitsarbeit, Diplomatie oder Rechtswissenschaften.

Kosmischer Rat: Wenn Sie an wirklicher Macht interessiert sind, dann hören Sie auf, sie um des lieben Friedens willen zu opfern.

Skorpion im zwölften Haus: Pluto herrscht ♏ in 12: ♇

Die vorherige Existenz Ihrer Seele war davon geprägt, die mächtigen und unbekannten Kräfte der Natur zu überleben. In dieser zurückliegenden Inkarnation wurden Sie von den lebensbestimmenden Konsequenzen aus dem Geschlechtsleben, Todesfällen oder einer Katastrophe in die Abhängigkeit von der Wohltätigkeit anderer gestürzt und empfanden sich von einem tiefen Gefühl der Machtlosigkeit ergriffen. Erst einmal musste Ihr Überleben gesichert werden, folglich blieb nicht viel Raum für Verletzlichkeit. Also haben Sie Ihre erschütternden Erfahrungen mit emotionalem Missbrauch, körperlicher Gewalt oder drastischer Trennung zugeschüttet und auf gefährliche Weise vernachlässigt. Da kann es nicht überraschen, dass heute außergewöhnlicher Mut und wilde Entschlossenheit zu Ihren verborgenen Stärken zählen. In der Folge konnten Sie einen ausgeprägten Instinkt und ein ausgezeichnetes Krisenmanagement entwickeln, die Ihnen den Zugang zu gewaltigen Reserven eröffneten und die kluge Handhabung vom Besitz und den Geheimnissen Ihrer Mitmenschen ermöglichten. Sie wissen, wie man den Dingen auf den Grund geht, und so behalten Sie die Oberhand. Dennoch waren bereits in Ihrem zurückliegenden Leben gemeinschaftliches Vermögen und geheime Liebschaften Ihr Untergang, und es sieht ganz so aus, als ob das auch in diesem Leben so kommen könnte.

Ja, die Leidenschaft ist Ihre Schwäche, aber nach Kontrolle sind Sie geradezu süchtig. Die Vergangenheit hat in Ihnen ein tiefes Bedürfnis nach ausgeprägter Nähe bewirkt und ein instinktives und hypersensibles Verteidigungssystem entwickelt. Sie drücken sich vor Ersterem und untergraben Letzteres, indem Sie alle nur erdenklichen drastischen Maßnahmen ergreifen, um sich davor zu schützen, jemals von anderen kontrolliert zu werden. Da wäre selbst der Tod für Sie die akzeptablere Lösung.

Zu den Einflüssen und Erfahrungen der Vergangenheit gehören: Detektivarbeit, Forensik, Chemie, die Armee, Chirurgie, Psychologie oder Archäologie. Sie haben niemals vor irgendjemandem Angst, doch verdächtigen sie alle.

Kosmischer Rat: Verdeckter Groll wirkt wie karmische Land-
minen in Ihrem Hinterhof. Entschärfen Sie sie, oder sie
werden Sie vernichten.

Schütze im zwölften Haus: Jupiter herrscht ♐ in 12: ♃

Die vorherige Existenz Ihrer Seele war geprägt von reichlich
Glück und von tiefen philosophischen Überzeugungen. Da Sie
sich in Ihrer zurückliegenden Inkarnation der Verbreitung
von Wahrheit und Erkenntnis verschrieben hatten, inspirier-
ten Sie Ihre Mitmenschen mit Ihren Kreuzzügen für die
Gerechtigkeit, mit Ihrer abenteuerlichen Suche nach Wissen
und Ihren unerschütterlichen Kampagnen für die Zukurz-
gekommenen und veranlassten sie, über ihre eigenen Begrenzungen hinauszuwachsen. Unglücklicherweise hat Ihre rücksichtslose Missachtung der Folgen zum Verlust von Freiheit,
Privilegien und Wohlstand aller Beteiligten geführt. Da Sie
unter diesen Umständen gezwungen waren, Ihre hohen
Prinzipien und Ihre kontroversen Überzeugungen zu unterdrücken, um Ihre Freiheit zurückzugewinnen, sind Sie heute
spiritueller, einsichtiger und risikobereiter, als Sie auf den ersten Blick zu sein scheinen.

Ausgestattet mit einem großartigen Sinn für Humor und einer
geradezu göttlichen Intuition, bei denen es sich um Ihre verborgenen Stärken handelt, sind Sie viel lustiger, als wir gedacht hätten, und weit mehr mit Glück gesegnet, als Sie selbst
es wissen. Offenbar haben Ihre Suche nach Weisheit und Ihr

Streben nach persönlichem Wachstum in der Vergangenheit ein tiefes Bedürfnis nach physischer Stimulierung und intellektueller Herausforderung in Ihnen geweckt. Kein Wunder, dass Sie mit Ihrem gegenwärtigen Wissensstand nie zufrieden sind und immer unsicher, wo Ihre physischen Grenzen liegen. Zwar waren hochfliegende Ziele und unrealistische Erwartungen bereits die Ursache für Ihr Scheitern in der Vergangenheit, doch scheinen Sie Ihnen auch heute wieder und zum gleichen Zweck zu schaffen zu machen. Unbewusst meiden Sie die Freiheit und Fülle, nach der Sie sich sehnen, indem Sie sich mit einengenden Menschen oder auf einschränkende Situationen einlassen. Spielen ist Ihre Schwäche, doch nach Maßlosigkeit sind Sie scheinbar süchtig. Verschaffen Sie sich den Zugang zu einer höheren Bildung und die Gelegenheit zur Erforschung neuer Horizonte durch eine Ehe. Sie sind auf überraschende Weise athletisch. Außerdem bewerten Sie insgeheim alles.

Zu den Einflüssen und Erfahrungen der Vergangenheit gehören: ein geistliches Amt, Philosophie, Erziehung, Forschung, Unterhaltung, die Jurisprudenz und das Abenteuer.
Kosmischer Rat: Sie können recht haben oder glücklich sein.

Steinbock im zwölften Haus: Saturn herrscht ♑ *in* 12: ♄

Die vorherige Existenz Ihrer Seele war geprägt von materiellem Erfolg und von öffentlich erzielten Leistungen. Zwar wurde Ihr ehrgeiziges Streben nach Reichtum, Prestige und Entscheidungsgewalt in Ihrer zurückliegenden Inkarnation belohnt, doch offenbar führte Ihr rücksichtsloser Machteinsatz zu schweren Verlusten, Gefängnisaufenthalten oder zur Isolation. Ihre Schuldgefühle zwangen Sie, Ihre irdischen Ziele zu unterdrücken, und so haben Sie sie hier im zwölften Haus vergraben, in der tödlichen Domäne tiefen Leugnens. In der Folge sind Sie heute konservativer, als es auf den ersten Blick sichtbar wird, und weit ehrgeiziger, als Sie das selbst zugeben möchten. Offenbar hat die Vergangenheit bei Ihnen einen Widerwillen gegen eine Überprüfung durch die Öffentlichkeit und eine starke Vorliebe für das Wirken hinter den Kulissen ausgelöst. Da überrascht es nicht, dass Sie häufig die Anerkennung und den Status meiden, die Ihnen eigentlich zustehen, indem Sie sich für Positionen entscheiden, die Sie in die berufliche Sackgasse führen, sich Jobs mit niedrigem Profil suchen oder Partner, die chronische Gesundheitsprobleme haben.

Skandale und eine oder mehrere öffentliche Blamagen waren in der Vergangenheit die Ursache für Ihr Scheitern, doch sind die Selbstdisziplin und Entschlossenheit, die Sie in dieser Situation entwickeln konnten, heute Ihre verborgenen Stärken. Ja, Arbeit ist Ihre Sucht, aber Depression stellt Ihre Schwäche dar.

Da Sie auch schon in der Vergangenheit außerordentlich glaubwürdig waren, gründen Ihre Leistungen auch heute auf dem gewissenhaften Umgang mit vertraulichen Angelegenheiten oder geheimen Projekten. Ohne Zweifel besteht zwischen Ihnen und Ihren Eltern eine besondere karmische Verbindung. Außerdem hatten Sie vermutlich unter dem Verlust oder der Abwesenheit Ihres Vaters zu leiden. Kein Wunder, dass Sie kaum eine Nacht durchschlafen. Ihre unbegründeten Phobien und Ihre unbewussten Schuldgefühle scheinen Sie aber fest im Griff zu haben.

Zu den Einflüssen und Erfahrungen der Vergangenheit gehören: Politik, Herrschaft, Regierungsdienst, Verwaltungsdienst, Mathematik, Ingenieurwesen und Industriemagnatentum.

Kosmischer Rat: Hören Sie auf, sich für das Alleinsein zu entscheiden, dann erst hat es Sinn, sich nach den Ursachen zu fragen.

Wassermann im zwölften Haus: Uranus herrscht ~~~ *in* 12: ☉

Die vorherige Existenz Ihrer Seele war geprägt von humanitären Idealen und kreativer Genialität. Da Sie sich in dieser zurückliegenden Inkarnation der universellen Brüderlichkeit und sozialen Reformen verschrieben haben, sind Sie mit Menschen in Berührung gekommen, die Ihre visionäre Strahlkraft stimuliert haben, und mit Gruppen, die mit Ihnen Ihre wissenschaftlichen Prinzipien teilten. Leider provozierten diese radikalen Ideen, revolutionären Methoden oder unkonventionellen Mitarbeiter irreversiblen Aufruhr, der schließlich zu extremen Verlusten, zum Exil oder zur Haft führte. Überwältigt von Schuld- und Schamgefühlen, haben Sie Ihr kreatives Genie unterdrückt und Ihre Individualität hier im zwölften Haus vergraben, im anerkannten Asyl der Anonymität. Folglich sind Sie heute unabhängiger, einfallsreicher, exzentrischer und natürlich unkooperativer, als Sie auf den ersten Blick scheinen. Anscheinend haben Ihre Versuche in der Vergangenheit, die Zukunft zu gestalten und Veränderungen zu bewirken, Sie mit einer unbewussten Wut auf Tradition und Autorität erfüllt. Außerdem sorgen Ihre Erfahrungen dafür, dass Sie sich von allem Einzigartigen oder Unorthodoxen angezogen fühlen und insgeheim anders sein wollen als alle anderen.

Offenbar sind die innovativen und rebellischen Tendenzen in Ihnen, die in der Vergangenheit Ihr Scheitern bewirkt haben, noch immer in Ihrem Inneren präsent und wirken sich auch auf die Gegenwart aus. Ja, Ihr progressives Denken und das Aufblitzen Ihrer strahlenden Intuition sind Ihre verborgenen Stärken. Freiheit ist Ihre Sucht, während Nonkonformismus Ihre Schwäche darstellt. Häufig verspielen Sie ausgerechnet die engen Freundschaften und die Kameradschaft, nach der Sie sich am meisten sehnen, indem Sie Ihr Heil ausgerechnet bei geheimen Organisationen, heimlichen Bünden und verräterischen Komplizen suchen. Das erklärt, warum Sie ein einzelgängerischer Stubenhocker sind, der häufig unter Einsamkeit leidet.

Zu den Einflüssen und Erfahrungen der Vergangenheit gehören: Astronomie, Wissenschaft, Erfindungen, Revolutionen, Flugkunst, Hochschullehre und Humanismus. Sie hüten ausgefallene Geheimnisse und verfügen über ungewöhnliche spirituelle Erfahrungen.

Kosmischer Rat: Nehmen Sie sich in Acht vor früheren Kollegen, die vor Ihrer Nase mit den Technologien der Zukunft herumwedeln.

Fische im zwölften Haus: Neptun herrscht
♓ in 12: ♆

Die vorherige Existenz Ihrer Seele war geprägt von emotionaler Heilung und dem mitfühlendem Dienst an anderen. Obwohl die Unterstützung der weniger Glücklichen in der zurückliegenden Inkarnation Ihre Berufung war, haben offenbar Ihr tiefer Glauben, Ihr Mitgefühl und Ihre Opferbereitschaft schmerzhafte Verluste oder unerträgliche Einengungen bewirkt. Massive Schuldgefühle waren ebenfalls im Spiel. In der Folge haben Sie Ihre Verletzlichkeit unterdrückt und sind deshalb heute sympathischer, einfühlsamer und hilfreicher, als auf den ersten Blick sichtbar wird. So wollen Sie es haben. Der Schutz der Privatsphäre ist eine fixe Idee, denn das Verbergen Ihrer Verletzlichkeit erscheint Ihnen überlebensnotwendig. Diese unerträgliche Vergangenheit hat in Ihnen eine so tiefe Abneigung gegen direkte Konfrontation bewirkt, dass Sie sofort vage, geheimniskrämerisch und aus taktischen Gründen defensiv werden, wenn Sie meinen, verhört zu werden.

Ohne Zweifel waren in der Vergangenheit Täuschung oder Selbstmitleid die Ursache Ihres Scheiterns, doch heute sind spirituelle Weisheit und kreatives Vorstellungsvermögen ohne Zweifel Ihre verborgenen Stärken. Ihr früheres Märtyrertum hat in Ihnen ein tiefes Bedürfnis nach einer Abmilderung der harten Wirklichkeit und einen Hang zu veränderten Bewusstseinszuständen geweckt. Wir wundern uns immer wieder darüber, dass Sie ausgerechnet Alkohol, Drogen und die Phantasie als Ihren liebsten Fluchtweg auserkoren haben und dass Sie nach der rosaroten Brille süchtig sind. Heute gehen Sie unbewusst Ihrer Mission, andere zu retten, aus dem Weg und werden selbst zum Opfer oder gesellschaftlichen Außenseiter. Abgelegene Plätze nahe beim Wasser haben auf Sie eine große Anziehungskraft, luzide Träume, Schuldgefühle und die in Vergessenheit geratene Vergangenheit scheinen Sie häufig zu überwältigen.

Zu den Einflüssen und Erfahrungen der Vergangenheit gehören: kreative Kunst, Musik, Heilung, Fotografie, Spiritualität, das Meer sowie heimliche oder illegale Handlungen. Sie sind einsam und leiden unter einer tödlichen Angst vor dem Eingesperrtsein.

Kosmischer Rat: Finden Sie sich mit der Wirklichkeit ab oder wenden Sie sich an einen Therapeuten ...

Nachwort

Nun, Hand aufs Herz: Wenn Sie das nächste Mal jemand nach Ihrem Tierkreiszeichen fragt, was werden Sie dann antworten? Und, noch viel wichtiger, was werden Sie denken? Hoffentlich sind es »selbstgefällige« Gedanken über karmische Abschlüsse und die Ihnen vom Universum ausgeschriebenen Referenzen. Und wenn Sie sich das nächste Mal daranmachen, Ihre Rechnungen zu bezahlen, werden Ihnen dann Ihre Schulden bei Neptun und neptunische Schubser einfallen? Das will ich doch hoffen. Denn in diesem Fall habe ich meinen Beitrag geleistet, und Ihre Stunde ist um, die Sitzung ist beendet, Ihre Seele macht sich bereit für das Spiel. Meine Sonne im zehnten Haus könnte kaum stolzer sein, wenn dies geschieht, und Ihre Geburtssonne könnte ebenfalls kaum strahlender wirken, gleich, in welchem Haus sie sich bei Ihnen befindet. Denn nun werden Sie darangehen, Ihr karmisches Versprechen einzulösen sowie Ihre karmischen Schulden zu bezahlen. Und Saturn wird aufhören, seine Peitsche über Ihrem Kopf knallen zu lassen. Und spätestens dann werden Sie merken, dass das Leben eine neue Wendung für Sie nimmt.

Welche? Natürlich eine, die endlich zu Ihnen führt. Woher

man das weiß? Nun, Glocken werden nicht ertönen, und Sie werden auch keine Engel sehen, wenn Sie und Ihre Seele sich mit dem Gestern im harten Licht des Heute versöhnen. Wenn Sie eine Weile dabei sind, dann werden Sie plötzlich merken, dass die schwierigen Angelegenheiten Ihnen ein klein wenig leichter fallen und dass die wirklich schlechten Aspekte Ihres Lebens auf einmal ein winziges bisschen günstiger aussehen. Als Nächstes werden Sie feststellen, dass Ihr bisher vielleicht als mies empfundenes Leben nun doch etwas mehr Frohsinn zulässt, weil Sie selbst fröhlicher werden. Diesem Zustand können Sie nicht entfliehen, wenn Ihre Seele ihr Versprechen zugibt und Sie vortreten, um es einzulösen, und Sie gemeinsam Ihren Vertrag mit dem Universum zur Grundlage Ihres Lebens machen. Worauf warten Sie also noch? Ist es nicht langsam an der Zeit, dass Sie sich zu dem Menschen entwickeln, der zu sein Sie sich schon seit Äonen vorbereiten?

Dann sollten Sie jetzt Ihr Geburtshoroskop aus der Schublade holen und das zur Anwendung bringen, was in diesem Buch besprochen wurde. Bei Ihrer Geburt haben gewaltige Mächte Einfluss genommen und, wie Sie, damit ein Ziel verfolgt – nicht nur ein physisches, sondern auch ein spirituelles. Nun ist es an der Zeit, das Potenzial dieser beeindruckenden Kräfte mit bewusster Anstrengung umzusetzen, denn das Gesetz des Universums bestimmt, dass sie sich im Falle eines Missbrauchs im nächsten Leben gegen Sie wenden und noch ungünstigere Energien hervorbringen. Schlimmer noch, wenn Sie sie ignorieren, dann schaffen Sie nur ein immer gleiches nächstes Mal. Dann sitzen Sie in Ihrem nächsten Leben, übersehen ein und dieselbe karmische »Sonnenhausberufung«, drücken sich vor ein und derselben »Saturnlektion«, missachten ein und dieselbe »Neptunrechnung« und beugen sich vor ein und demselben »Pluto-Verfolgungswahn« – alles Umstände, die bereits

216

in diesem Leben von Nachteil für Sie waren. Wollen Sie sich das alles wirklich noch einmal antun? Genau das steht Ihnen bevor, wenn Sie nicht antreten. Sie gestatten es Ihrer unkritischen Seele, sich für ein neuerliches Leben im Hamsterrad einzuschreiben, in dem Sie Ihre ausgezeichneten Begabungen verschwenden, statt sie zu entwickeln, sich Ihren Ängsten und Unzulänglichkeiten beugen, statt sie zu besiegen, sich zum Opfer von emotionalen Süchten machen, statt andere vor ihnen zu bewahren, und sich – bildlich gesprochen – auf Handfeuerwaffen verlassen, um sich gegen Eindringlinge zu schützen, obwohl die Effizienz eines hochtechnisierten Sicherheitssystems Ihre Unversehrtheit doch viel besser gewährleisten könnte und Sie darüber hinaus auch noch davor bewahren würde, im Gefängnis zu landen. Hört sich das nicht irgendwie bekannt für Sie an ...?

Aber natürlich. Wir finden uns immer im Geburtshoroskop wieder – bei den vielen Déjà-vu-Trips, die wir uns auf unseren spirituellen Gürtel schreiben dürfen und die unsere Seele nun schon so viele Male mitgemacht hat. Und genau da liegt das Problem. Unser menschlicher Anteil wird mitgeschleift auf dieser überflüssigen Fahrt. Dabei müssen wir das alles gar nicht mitmachen, denn das Beste ist, dass wir hier in diesem Leben etwas tun können, um diesen düsteren Zyklus zu durchbrechen, wenn wir es wollen. Es steht in unserer Macht, einen anderen, weniger dunklen, einen ganz und gar neuen Kreislauf zu schaffen. Denn, und das wird Ihnen heutzutage jeder Psychologe bestätigen, der beste Prophet für zukünftiges Verhalten ist Ihr Verhalten in der Vergangenheit.

Wenn wir wirklich wollen, dass uns unsere Seele auf unserer nächsten irdischen Reise an einen anderen Ort führt, dann müssen wir nur dafür sorgen, dass sie etwas in diesem Leben verändert, zum Beispiel endlich die von ihr angefangene Reise zum Abschluss bringt. Dazu gehört, Versprechen zu halten, Schulden zu bezahlen und die Lektionen zu lernen, mit denen sich unsere Seele einverstanden erklärt hat. Das bedeutet natürlich, dass wir uns von all den Überzeugungen und Verhaltensweisen verabschieden müssen, mit denen wir bereits im letzten Leben nichts erreicht haben, auch wenn sie unserer Seele noch so angenehm erscheinen. Damit schaffen wir endlich Raum für solche, die uns im Hier und Jetzt weiterhelfen. Das bringt uns zu Ihrer eigenen »Geburtssonne-Frage«: Sind Sie wirklich bereit, sich an Ihre Verabredung mit der Zukunft zu halten? Nun, dann ist es an der Zeit für Ihre Seele, sich von der Vergangenheit zu verabschieden.

Das heißt, heute ist der Tag, an dem Sie in Ihr Sonnenhaus hineinspazieren, Ihren solaren Abschluss aus der Tasche ziehen und Ihre Starrolle für sich beanspruchen. Ihr Megawatt-Leben wartet auf Sie, aber Saturn natürlich auch. Sorgen Sie dafür, dass Sie in sein Klassenzimmer eintreten, nicht nur, um den Erfolg einzufordern, der Ihnen für dieses Leben garantiert wurde, sondern seien Sie auch darauf vorbereitet, nun endlich die »Neunundzwanzigeinhalb-Jahre-Lektion« zu lernen, um die Sie sich beim letzten Mal gedrückt haben. Wie lange werden Ruhm und Glück auf Sie warten? Es gibt keinen besseren Augenblick, um im Neptunhaus mit der Rückzahlung Ihrer Schulden zu beginnen, und keinen besseren Tag, um die Reserven in Ihrem Plutoarsenal anzuzapfen, und das liegt nur daran, dass es für niemanden einen besseren Weg gibt, um das eigene Leben zu verbessern, die eigene Welt glanzvoller zu gestalten und die eigene Seele endlich glücklich zu machen. Ja, es ist für uns alle an der Zeit, die Qualität unseres Lebens zu verbessern, indem wir endlich die Verantwortung für unser Geburtshoroskop übernehmen. Ich bin dafür, genau hier und genau jetzt, denn wenn wir es nicht tun, dann wird

Shakespeare recht gehabt haben mit seiner Sentenz, dass auf diesem Planeten und in dieser Welt unsere Vergangenheit immer nur ein Prolog sein wird. Was uns bereits zugestoßen ist, muss uns erneut widerfahren, wieder und wieder – und noch einmal. Das muss so sein. Schließlich geschieht ja gemäß der göttlichen Ordnung im Allgemeinen und dem universellen Gesetz von Einheit, Korrespondenz und Kompensation im Besonderen nichts zufällig. Gar nichts. Das bedeutet, dass unser Leben und unsere Umstände immer ein direktes Ergebnis unserer eigenen Handlungen oder, in vielen Fällen auch dies, unterlassenen Handlungen sein werden.

Wenn wir also heute nichts tun, um etwas zu verändern, dann gestatten wir dem Gestern, unser Morgen zu sein, unser Übermorgen, unser nächstes Jahr, unser nächstes Leben. In Wahrheit kann in dem Augenblick, in dem unsere Seele aufhört, zu wachsen, sich zu entwickeln und zu lernen, unsere Zukunft nichts anderes als unsere Vergangenheit sein, denn unser Morgen ist nichts weiter als unser Gestern – es sei denn, natürlich, Sie sind wie ich davon überzeugt, dass man lediglich ein wenig kosmischen Verstand einsetzen muss, um eine andere Wirklichkeit zu schaffen ...

Kosmisches Glossar

Geburtshimmel: der Himmel aus der Perspektive eines bestimmten Geburtsorts und zu einer bestimmten Geburtszeit.

Horoskop/Geburtshoroskop: die grafisch dargestellte Konstellation der Gestirne für den Moment der Geburt eines Menschen, bezogen auf seinen Geburtsort (nach dem spätlateinischen Wort *horoscopium* für »Instrument zur Ermittlung der Planetenkonstellation bei der Geburt eines Menschen«, das lateinische Substantiv *hora* heißt »Stunde, Zeit, Frist« und das griechische Verb *skopeĩn* »betrachten, beschauen«).

Inkarnation: »Fleischwerdung«, »Menschwerdung«, zum lateinischen *incarnatus*, was »zu Fleisch geworden« heißt.

Karma: Das Sanskritwort *kárman* bedeutet »Tat, Werk, Schicksal«. Karma wird verstanden als eine geistige oder körperliche Handlung, die Konsequenz einer solchen Handlung, als die Summe aller Konsequenzen dessen, was ein Mensch in diesem oder einem vorangegangenen Leben getan hat, und als die Kette von Ursache und Wirkung in der moralischen Welt.

Karmische Berufung: die Bereiche, in die Sie dem Versprechen Ihrer Seele zufolge die in Ihrem karmischen Abschluss erworbenen Energien, Erfahrungen und Begabungen (Sonnenzeichen) investieren wollen, um sich hervorzutun. Die Bereiche Ihres Lebens, die durch das Haus repräsentiert werden, in dem sich die Sonne bei Ihrer Geburt befand.

Karmische Dunkelkammer: der Lagerraum, in den Ihre Seele schmerzhafte Erinnerungen und unerträgliche Erfahrungen verschiebt. Das zwölfte Haus in Ihrem Geburtshoroskop.

Karmische Lektion: die lähmende Unzulänglichkeit, die Sie in diesem Leben überwinden müssen, um zu materiellem Erfolg zu finden. Die Bereiche Ihres Lebens, die durch das Haus repräsentiert werden, in dem sich Saturn bei Ihrer Geburt befand.

Karmischer Schulabschluss: die Erfahrungen und Fertigkeiten, die Ihre Seele zu einem früheren Zeitpunkt erworben hat und die Ihnen nun zur Verfügung stehen. Die Kräfte Ihres Sonnenzeichens.

Karmische Schulden: die emotionalen Dienste, die Sie dem Universum in diesem Leben schulden, um Ihren emotionalen Egoismus in einem früheren Leben wiedergutzumachen. Die Bereiche Ihres Lebens, die durch das Haus repräsentiert werden, in dem sich Neptun bei Ihrer Geburt befand.

Karmisches Gesetz: Ursache und Wirkung auf der Ebene der Seele. Die Handlungen eines Menschen in der Gegenwart bestimmen über das Schicksal der Seele in einer zukünftigen Inkarnation.

Kosmisches/universelles Gesetz: Die Prinzipien der göttlichen Ordnung, die das Universum vor dem Chaos bewahren: Einheit, Übereinstimmung, Schwingungen, Polarität, Rhythmus, Ausgleich und Geschlechtszugehörigkeit.

Kosmos: das ewig gegenwärtige, in seiner inneren Ordnung ruhende, allwissende Universum.

Neptunischer Schubser: die überwältigenden emotionalen Umstände, in die wir »geschubst« werden, wenn wir die emotionalen Dienste verweigern, die unsere Seele versprochen hat.

Reinkarnation: der Übergang der Seele in einen neuen Körper und in eine neue Existenz (nach der buddhistischen Lehre von der Seelenwanderung; siehe auch »Inkarnation«).

Vertrag mit dem Universum: die Interpretation des Geburtshoroskops aus der Perspektive der Seele.

Die zwölf Häuser des Geburtshoroskops
(und was Sie darin »lagern«)

1. Haus: **das individuelle Ich**	Sie selbst Ihr Ego Ihr Körper Ihre körperliche Erscheinung Ihre frühe Kindheit
2. Haus: **die materiellen Werte**	Ihre persönlichen materiellen Werte Ihr Verdienstspektrum Ihre materiellen Ressourcen Ihr Geld und Ihre finanziellen Angelegenheiten Anschaffungen, Besitz
3. Haus: **das nähere Umfeld**	Ihr Geist Ihre Kommunikation Ihr näheres Netzwerk Ihre Schule und Ausbildung Ihre Geschwister und nahen Verwandten
4. Haus: **Heim und Familie**	Ihre Mutter und ihr Einfluss Ihr häuslicher Alltag und Ihr Haushalt Ihre Familie und Vorfahren Immobilien, Heimat, Landwirtschaft
5. Haus: **die individuelle Kreativität**	Ihre künstlerischen Begabungen Ihre Schöpfungen, Kunst, Kinder Ihre Liebhaber und romantischen Beziehungen Ihre Hobbys Risiken, Spekulationen, Investitionen
6. Haus: **der Alltag**	Ihr beruflicher Alltag Ihr Sport, Ihre Ernährung, Ihre Fitness Ihre körperliche Gesundheit Ihr Dienst an anderen Ihre tägliche Routine